D1134191

BASISBOEK VOOR
VOETBAL
TRAINING, TECHNIEKEN EN TIPS

BIBLIOTHEEK·BREDA
Wijkbibliotheek Prinsenbeek
Schoolstraat 11
4841 XC PRINSENBEEK

Oorspronkelijke titel: Soccer Skills and Techniques

© 2002 Bookmart Limited

© 2003 Nederlandstalige editie: Veltman Uitgevers, Utrecht

Productie Nederlandstalige editie: TextCase, Groningen
Vertaling: Michiel Postma
Redactie: Joyce Koster
Omslagontwerp: Ton Wienbelt, Den Haag
Opmaak: De ZrIJ, Utrecht

ISBN10: 90 5920 093 4
ISBN13. 978 90 5920 093 7

4e druk 2006

Alle rechten voorbehouden. Niets uit deze uitgave mag worden verveelvoudigd, opgeslagen
in een geautomatiseerd gegevensbestand, of op energerlei wijze openbaar gemaakt,
hetzij elektronisch, mechanisch, door fotocopieën, opnamen of op enige andere manier,
zonder voorafgaande schriftelijke toestemming van de uitgever.
Voor meer informatie: www.veltman-uitgevers.nl

BASISBOEK VOOR
VOETBAL
TRAINING, TECHNIEKEN EN TIPS

Veltman Uitgevers

Inleiding

Voetbal is een van de populairste sporten ter wereld. Op ieder werelddeel geldt echter een gulden stelregel, zowel voor mannen, vrouwen, jongens als meisjes. Ze moeten allemaal veel oefenen om de techniek onder de knie te krijgen, dus van topspelers tot kinderen die op straat gewoon een balletje trappen.

Voetbal, training, techniek en tips is een goede handleiding voor spelers én trainers.

Alle oefeningen worden duidelijk uitgelegd door professionele trainers van de Bobby Charlton Soccer School in Manchester, zodat iedere speler de fijne kneepjes leert beheersen. Dankzij deze stap-voor-stapmethode, van de basis tot uitgekiende trucs voor professionals, kan iedereen zijn spel perfectioneren.

Voetbal als een echte prof met Training, technieken en tips.

Inhoud

Deel 1

BASISVAARDIGHEDEN

Win aan balvertrouwen op alle delen van het speelveld, van basisvaardigheden tot echte matchwinners!

Basispassing

Coaches zeggen vaak: 'Als je niet kunt passen, dan kun je niet voetballen' en dat klopt ook wel. De bal juist passen is de belangrijkste basisvaardigheid. Een goede pass zorgt ervoor dat je team in balbezit blijft en kansen kan creëren. De speler die de bal passt, probeert de bal zo snel en nauwkeurig mogelijk bij zijn medespeler te krijgen. Dit kan het beste met een wreefschot, met de binnenkant van de voet.

Het uiteindelijk doel

Een goede pass moet voor de ontvanger neerkomen zonder dat hij zich naar de bal hoeft te strekken. Probeer de bal altijd naar voren te drijven, want het is uiteindelijk wel de bedoeling om op het gedeelte van de tegenstander te komen en te scoren.

Trainer

- Geef de bal af, maar niet je verantwoordelijkheid. De bal passen om er vanaf te zijn en je medespeler in dezelfde problemen te brengen, is niet de bedoeling.
- Communiceer steeds met je medespelers. Ze moeten laten weten dat ze vrij staan, zodat je de beste optie kunt kiezen.

Basis — Passen met de wreef

Voor passes tot zo'n 25 m is het wreefschot de nauwkeurigste. Zet je standbeen naast de bal en schiet de bal met de volle wreef naar de ontvanger. Zorg dat je voet de bal nawijst.

Houd er rekening mee dat je met deze techniek de bal niet over grote afstand kunt schieten. Voor langere ballen gebruiken veel spelers meestal de bovenkant van de voet.

1 De speler zet een voet naast de bal, terwijl hij naar de bal blijft kijken.

2 Hij raakt het midden van de bal met de binnenkant van de voet en rolt de bal naar zijn medespeler.

3 De speler wijst de bal in de richting van de pass na met zijn voet.

Praktijk

Oefen met een medespeler op nauwkeurig passen. Ga 10 m uit elkaar staan en schiet de bal met de wreef over en weer. Een derde speler kan er nog tussen gaan staan met de benen wijd, waartussen de bal moet worden gespeeld.

Houd de bal in beweging en blijf ook doorgaan als je een fout maakt. Als de bal de middelste speler raakt, schiet hij de bal meteen terug naar een van jullie tweeën. Verander af en toe de posities.

Check
- Anticipatie
- Balans
- Timing
- Accuratesse

Schiet de bal voorzichtig heen en weer. Kijk naar je schietbeen als je schiet.

Wijs de bal met de voet in de goede richting na.

Gevorderden

Passen in een driehoekje

3 spelers staan in een hoek van een speelveld van 10 x 10 m en spelen elkaar de bal toe. Een 'storende' verdediger oefent druk uit op de spelers en probeert de passes te onderscheppen.

Zorg dat de vaart in de oefening blijft en houd het balcontact zo kort mogelijk, maar zonder de controle over de bal te verliezen.

1 De speler passt als de blauwe speler nadert.

2 De ontvanger maakt zich klaar voor de pass, omdat de verdediger te dichtbij komt.

3 Er is niet veel tijd om na te denken over de pass, omdat de verdediger er aan komt.

Balcontrole met de voet

A ls je topspelers ziet spelen, dan valt meteen op dat die bijna nooit problemen hebben met het aannemen van de bal. Ze zijn ondertussen allang bezig met de volgende stap, namelijk wat te doen met de bal. Een snelle balaanname kan kostbare seconden tijdwinst opleveren en zo een wedstrijd zelfs beslissen.

Oefening baart kunst

Als balcontrole een automatisme moet worden, dan is het van belang veel te trainen. Oefen zowel met binnenkant, buitenkant als bovenkant van beide voeten. Besteed wat meer aandacht aan je zwakke punten.

Trainer

- Beslis in een vroeg stadium met welk deel van de voet je de bal aanneemt.
- Let erop dat de bal niet onder de voet komt. Zorg dat bij het eerste balcontact de bal iets naar voren springt, zodat je kunt passen, schieten of lopen.

Basis Bal stoppen

L aat je de bal toespelen of oefen tegen een muurtje. Stop de bal met verschillende delen van de voet en laat hem een beetje van de voet springen zodat je hem meteen in het spel terug kunt brengen. Laat de bal op je voet afkomen om de vaart eruit te halen en beweeg zeker niet naar de bal toe met je voet.

Check
- Goed balgevoel
- Snel voetenwerk
- Gebruik van beide voeten
- Goede balans
- Rust

🎧 BINNENKANT VOET
Balcontrole is het eenvoudigst met de binnenkant van je voet. Dat is een breed vlak waarop de bal kan worden afgestopt.

🎧 BUITENKANT VOET
Gebruik de buitenkant van je voet voor een snelle draai. Als je de bal eenmaal onder controle hebt, kun je snel naar rechts draaien.

🎧 BOVENKANT VOET
Maak je voetzool een beetje hol als je met de bovenkant van je voet gaat schieten. Gebruik deze techniek om de bal naar voren te schieten of als je snel met de bal wilt wegrennen.

Praktijk

Bij deze oefening staan 3 spelers in 3 verschillende hoeken van een speelveld van 10 x 10 m. Ze spelen elkaar beurtelings de bal toe. Na de pass rent de speler naar de lege hoek om de bal onder controle zien te krijgen, en meteen in positie te zijn voor een zuivere pass. Deze oefening duurt 5 minuten per keer.

1 Speler A ontvangt de bal van speler C en brengt hem onder controle, voordat ...

2 ... hij de bal naar speler B speelt. Terwijl B de bal onder controle krijgt, rent A naar de lege hoek.

Gevorderden **Balcontrole onder druk**

1 De groene speler krijgt een moeilijke bal, maar hij krijgt de bal met de binnenkant van zijn voet onder controle.

2 Nadat hij de bal heeft gestopt, speelt hij hem zacht voor zich uit en breekt door de blauwe verdediging richting doel.

Oefen nu in de praktijk. 2 teams van 3 spelers spelen op een veld van 20 x 20 m. Elk team heeft 2 doelen van 1 m breed tot zijn beschikking, in iedere hoek van het veld staat een doel.

Probeer met passen en dribbelen een van de doelen te bereiken. Omdat het speelveld erg klein is, zullen de spelers de bal kort in bezit hebben, en meteen worden aangevallen. Daarom is een snelle balcontrole belangrijk, zodat er iets meer tijd is voor de vervolgactie. Probeer beide voeten te gebruiken.

Rennen met de bal

E en goede speler onderscheidt zich van de middelmaat, omdat hij goed kan rennen met de bal. Kracht en snelheid zijn noodzakelijk als je naar voren wilt spelen, de verdedigers wilt verslaan en het vijandelijke doel wilt bereiken. Probeer het hoofd koel te houden, anders kom je in de problemen!

De verdediging openbreken

Spelers die met de bal aan de voet snelheid kunnen maken, het tempo opvoeren en zo zelfs de best georganiseerde verdediging openbreken, kunnen een wedstrijd beslissen. Ook voor verdedigers is snelheid aan de bal belangrijk. De aanblik van een centrale verdediger die uit de eigen verdediging breekt en richting het andere doel stormt, is een lust voor het oog.

Trainer

- Probeer de bal steeds ongeveer 1 m voor je te houden.
- Houd je armen wijd zodat je in balans blijft.
- Blijf geconcentreerd als een tegenstander vlak achter je zit.
- Gebruik beide kanten van je voet ter balcontrole, zodat je soepel van richting kunt veranderen.

Basis   Bal controleren

D eze oefening kun je prima alleen doen. Ren zo'n 30 m met de bal aan je voet. Probeer in eerste instantie alleen de bal onder controle te houden en let niet op de snelheid. Verhoog de snelheid pas als je je balcontrole geperfectioneerd hebt.

Laat medespelers fungeren als verdedigers, dan is de oefening nog nuttiger. De verdediger kan druk uitoefenen op de rennende speler in balbezit.

1 Gebruik de buitenkant van je voet of wreef om de bal 2-3 m voor je uit te spelen. Versnel hierna meteen.

2 Houd je hoofd rechtop, zodat je de spelers om je heen kunt zien. Gluur af en toe naar beneden, om de bal in het oog te houden.

3 Houd je armen wat omhoog en til je knieën een beetje op voor meer snelheid. Dit doe je natuurlijk zonder de bal te verliezen.

Praktijk

V oor deze oefening heb je in ieder geval 1 teamgenoot nodig. Hoe meer spelers hoe beter. Markeer 3 veldjes van 10 x 10 m, die 25 m van elkaar verwijderd liggen. Geef ieder veldje een naam of nummer en ga als volgt te werk.

1 Iedereen neemt een bal en begint in het eerste veld te dribbelen.

2 Een speler roept naam of nummer van een van de andere velden.

3 Alle spelers dribbelen daar zo snel mogelijk naartoe. De winnaar beslist naar welk veld vervolgens wordt gerend.

Gevorderden

Presteren onder druk

M aak een veld van 30 x 10 m en verdeel de spelers over 2 teams, 1 aanvallend team en 1 ver- dedigend. De aanvallers worden ook in tweeën ver- deeld. Een aanvallend team gaat in een hoek staan, het andere in de hoek er schuin tegenover. De ver- dedigers staan in de andere 2 hoeken.

Een aanvaller rent met de bal langs de 30 m lijn en wordt achtervolgd door een verdediger vanuit de hoek aan zijn linkerkant. Hij passt de bal naar de volgende aanvaller die zijn 30 m lijn afrent. Herhaal dit tot alle aanvallers aan de beurt zijn gekomen.

Check
- Balans en snelheid
- Goed overzicht
- Goede coördinatie

1 De aanvaller rent met de bal aan de voet langs de 30 m lijn en passt de bal naar een aanvaller van de andere groep.

2 De verdediger start vanuit de hoek rechtsboven, achtervolgt de aanvaller en voert de druk op.

3 De aanvaller rechtsonder ontvangt de bal en rent naar het punt rechtsboven; hij wordt achtervolgd door een verdediger van linksonder.

Afschermen van de bal

Als je onder druk staat, is het belangrijk de bal goed af te schermen. Dit doe je met je lichaam en door de bal vooral dicht aan je voeten te houden.

Je ziet vaak dat verdedigers de bal afschermen, zodat de aanvallers geen scoringskansen krijgen. Aanvallers schermen de bal nog vaker af, meestal om tijd te winnen voor de volgende handeling. Ze kunnen de bal afschermen van hun tegenstander, om hem vervolgens af te spelen naar een teamgenoot of zelf richting doel te draaien en te schieten.

Houd de bal dicht bij het lichaam

Scherm de bal alleen af als hij binnen speelbereik is omdat de scheidsrechter er anders obstructie in kan zien.

Trainer

- Als de bal bij je komt, wees op je hoede, zodat je hem onder controle houdt.
- Beheers je en doe rustig aan met de bal bij je voeten, zodat de verdediger hem niet wegschopt.
- Weeg je mogelijkheden af, ook onder druk.

Basis　　Afhouden

Dit is een simpele oefening waarbij je leert de bal onder druk aan te nemen en tegelijkertijd de bal voor je tegenstander af te schermen. Gebruik je armen om je lichaam wat breder te maken, en trek daarvoor je bovenlichaam een beetje terug.

De speler die de bal afschermt, wordt in de voeten aangespeeld. Hij wordt van achteren aangevallen, moet de bal controleren en tegelijkertijd zijn tegenstander op afstand houden. Speel de bal nu gedecideerd en zuiver naar je medespeler toe.

1 De aanvaller blijft voor zijn tegenstander, zodat hij als eerste bij de bal komt.

2 Hij steekt zijn armen uit, zodat de verdediger er niet langs kan komen.

3 Hoewel hij wordt aangevallen, kan hij de bal toch rustig terugspelen.

Praktijk

Op een veld van 40 x 30 m spelen 2 teams van 3 spelers (plus keepers) tegen elkaar. Er kan geen doelpunt worden gemaakt voordat de bal eerst door een speler is afgeschermd.

De hoofdaanvaller wordt gedwongen met zijn rug naar het doel te spelen om zich aan te bieden. Krijgt hij de bal dan kan hij van zijn tegenstander wegdraaien of naar een medespeler afleggen.

Hoofd-aanvaller

Speler met de bal

Baan van de bal

40

30

Check
- Goede controle
- Balans
- Kracht met de bal
- Veerkracht

Controleer de bal en houd de tegenstander op afstand, overweeg je actie.

Als de hoofdaanvaller de bal heeft afgeschermd, kan hij afspelen naar een teamgenoot (1) of wegdraaien van de verdediger en zelf schieten op het doel (2).

Gevorderden

Zoek steun

Een oefening op een helft van het veld: 4 aanvallers en 1 verdediger spelen tegen 3 verdedigers en 1 keeper.

De aangever begint de bal naar een verdediger te spelen. Die staat met zijn rug naar het doel en wordt door een van de verdedigers belaagd. De aanvaller moet de bal eerst afschermen door de verdediger achter zich te houden. Hij kan wegdraaien en zelf schieten of de bal afgeven aan een van de aanvallers (of naar de aangever spelen), zodat hij het doel kan opzoeken.

1 De bal wordt aangespeeld in de voeten van de losgekomen aanvaller.

2 Met zijn armen wijd en zijn lichaam gekromd kan hij de bal afschermen.

3 Hij overziet zijn mogelijkheden, en speelt de bal af in de baan van een teamgenoot.

4 De ondersteunende speler spurt op de pass en schiet op het doel.

Onderscheppen

Dit is de effectiefste manier om de bal van de tegenstander af te pakken. Als een verdediger de pass doorziet en snel handelt, kan hij de bal gemakkelijk afpakken en counteren. Door zo'n interventie komt de tegenstander op het verkeerde been, wat veel tijdwinst en ruimte oplevert. Tackelen is nogal riskant. Je kunt afgefloten worden, uit positie raken of op de grond terechtkomen.

Vanuit de verdediging in de aanval

Onderscheppen wordt vaak als een taak van de verdediger gezien, maar kan een wedstrijd ook beslissen. Als een snelle aanvaller de pass kan onderscheppen, diep in de helft van de tegenstander, kan hij een snel doelpunt forceren, voordat de verdediging kans heeft zich te herstellen.

Trainer

● Onderscheppen kan overal op het veld. Verdedigers, middenvelders en aanvallers moeten dit allemaal kunnen.

Check

○ Scherpte en anticipatie
○ Explosieve snelheid
○ Lichaamskracht

Basis Onderscheppen van een pass

Als je een speler dekt, doe je dit meestal van achteren. Als hij wordt aangespeeld, moet je klaarstaan om de bal te onderscheppen.

Bij deze oefening wordt een metalen speler gebruikt, maar een sporttas kan ook. Als je er maar omheen rent! Een aanvaller passt naar de metalen man, waarachter een verdediger staat opgesteld. Als de bal is gespeeld, moet de verdediger bij de bal zijn voordat de bal de metalen man treft en proberen de bal met één beweging onder controle te krijgen.

De verdediger anticipeert op de pass van de aanvaller en sprint vanachter de metalen man om de bal te onderscheppen.

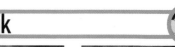
Praktijk

Vervang nu de metalen speler door een echte tegenstander en probeer de bal te onderscheppen. De verdediger moet anticiperen op de bal en vanachter zijn tegenstander vandaan komen om de bal te bemachtigen. Deze oefening leert je beslissen wanneer de bal moet worden onderschept en afgeschermd. Ben je niet als eerste bij de bal, blijf dan achter de verdediger en tackel hem later.

1 Als de pass is gegeven, bewegen de verdediger en een aanvaller beiden naar de bal. De verdediger staat op zijn tenen

2 waardoor hij niet snel weg kan komen. Als hij voor de andere man staat, gebruikt hij zijn lichaam om hem achter zich te houden.

3 Hij komt als eerste bij de bal, brengt hem onder controle en passt terug. Oefening 10 keer herhalen en positiewisseling spelers.

Gevorderden Onderscheppen en counteren

Om te leren hoe een verdediging moet worden omgezet in een succesvolle aanval, zijn 2 teams van 7 spelers (zie onder) op een klein speelveld gezet. Eén aanvaller en één verdediger mogen het 16m-gebied betreden. De verdediger moet proberen de ballen richting aanvaller te onderscheppen en dan met de bal naar voren te rennen of te passen. Als de verdediger naar voren rent, neemt een teamgenoot zijn plaats in.

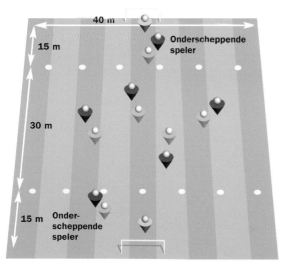

40 m

15 m

Onderscheppende speler

30 m

15 m **Onderscheppende speler**

De lichtblauwe verdediger onderschept de pass naar de donkerblauwe aanvaller in het 16m-gebied. Hij kan nu een pass geven of naar voren rennen bij wijze van counter. Als de aanvaller de bal krijgt en scoort, wisselt hij van plaats met een teamgenoot.

Tackle

De tegenstander de bal ontfutselen is het doel van de tackle. Sta indien mogelijk na de tackle op met de bal. Als je tegenstander zijn plan niet kan uitvoeren, is een tackle succesvol.

Pas je techniek aan

Als een tegenstander recht op je af komt, kun je de bal het beste met de binnenkant van je voet blokkeren. Houd je been in een rechte hoek en strek het been wat naar voren voor een tackle.

Draai bij een tackle van de flank je voet die het dichtst bij de tegenstander is, en zwaai je andere voet ervoor om de bal te blokkeren.

Tackle iemand nooit van achteren. Er wordt bijna altijd voor gefloten, ook al raak je alleen de bal.

Trainer

- Heb geduld, tackle alleen maar als je er zeker van bent dat je de bal kunt bemachtigen. Het is niet de bedoeling dat jij op de grond ligt terwijl je tegenstander ervandoor gaat.
- Stop en hinder de aanvaller. Je kunt hem tot een fout aanzetten, zodat je een tackle kunt maken en de bal pakken.

Basis De bal bemachtigen

Een aanvaller en een verdediger staan tegenover elkaar op een speelveld van 10 x 10 m. De aanvaller moet met de bal naar de andere kant van het veld proberen te rennen. De verdediger moet de bal onderscheppen.

De verdediger moet op de aanvaller afrennen en hem op armlengte afstand houden. Als de mogelijkheid zich voordoet, moet hij kort en zuiver tackelen. Ga niet te dicht bij de aanvaller staan. Zak iets door je knieën en blijf op je voeten staan.

1 De verdediger nadert de aanvaller. Hij mindert vaart en blijft op zo'n 2 m afstand.

2 De verdediger gaat klaarstaan: knieën gebogen, schuin met het lichaam op de tegenstander en met de ogen op de bal gericht.

3 Als de aanvaller de bal naar voren wil spelen, strekt de verdediger zijn been om de bal weg te tikken.

- ○ Stabiele positie
- ○ Timing
- ○ Kracht
- ○ Concentratie

Deze oefening vindt plaats op een veld van 20 x 30 m en er zijn 1 keeper, 1 verdediger en minimaal 2 aanvallers voor nodig. De aanvallers gaan naast elkaar staan op de 30m-lijn. Ze proberen om de beurt met de bal de verdediger te passeren en te scoren.

De verdediger krijgt 1 punt als hij de aanval vertraagt en 2 punten als hij de bal onderschept. De aanvaller rent altijd via de achterkant terug naar de 30m-lijn, ongeacht of hij heeft gewonnen of verloren, en gaat in de rij staan.

Praktijk

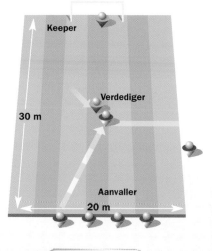

Keeper

30 m

Verdediger

Aanvaller

20 m

Speler met bal

Baan van speler

De verdediger (lichtblauw) tackelt de aanvaller en verovert de bal. De aanvaller moet terugrennen en achteraan aansluiten.

Gevorderden

Dubbele tackle

Op een veld van 20 x 20 m worden 6 aanvallers met ieder een eigen bal, getackeld door 2 verdedigers. De verdediger moet de bal zo snel mogelijk afpakken van de aanvaller. Als een aanvaller de bal verliest, is hij uit het spel.

De verdedigers kunnen ook samenwerken. De ene kan tackelen, terwijl de andere hem dekt. Als de aanvaller de eerste verdediger verslaat, stuit hij op de tweede verdediger.

1 De aanvaller (in donkerblauw shirt) is met de bal voorbij de eerste verdediger.

2 De tweede verdediger staat achter hem om de aanvaller op te vangen.

3 Hij bemachtigt de bal en de aanvaller is uitgeschakeld.

Een buitenspeler verslaan

Elk succesvol team heeft altijd een paar spelers die goed een-op-een kunnen spelen. Sommigen hebben een trukendoos om van te watertanden, anderen hebben aan hun snelheid al genoeg. Maar welke methode ook wordt gebruikt, een uitgeschakelde buitenspeler levert veel ruimte en tijdwinst op voor een succesvolle aanval.

Klaar voor de volgende zet

De manieren om buitenspelers te verslaan worden natuurlijk geperfectioneerd op het trainingsveld, maar 's werelds beste voetballers kunnen deze techniek ook altijd toepassen in de wedstrijd, zelfs onder enorme druk.

Trainer

● Zet een buitenspeler onder druk door op hem af te rennen. Profiteer ervan als hij uit balans raakt of verwacht dat je een pass geeft.

Check

○ Visie en scherpte
○ Draaien en andere trucs
○ Balcontrole aan de voet
○ Explosief versnellen

Basis   ## Je man passeren

Met deze oefening kun je passeerbewegingen proberen op je tegenstander in een een-op-een-situatie.
3 aanvallers en 3 verdedigers staan tegenover elkaar in 2 hoeken van een veld van 30 x 30 m.
   Om beurten lopen de aanvallers met de bal naar de eerste verdediger. Die loopt naar voren en probeert de aanvaller te blokkeren en te verhinderen dat hij de tegenovergestelde hoek bereikt. Draaien en versnellen is hier vereist.

❶ **De aanvaller (in licht-blauw shirt) rent naar de tegenovergestelde hoek en zorgt dat hij voldoende afstand houdt om zijn tegenstander te passeren.**

❷ **Hij houdt de bal onder controle en tikt de bal met de binnenkant van zijn voet aan, zodat de tegenstander uit balans raakt.**

❸ **Hij versnelt en heeft de bal meteen onder controle. De volgende keer moet hij een andere passeerbeweging maken.**

Praktijk

De tegenstander verslaan in een een-op-een-situatie vereist behendigheid, snelheid en inventiviteit. Eerst proberen de spelers 1 tegenstander te verslaan, daarna wordt het een twee-op-twee-scenario.

De manieren kunnen verschillend zijn: de bal kan door de benen van de tegenstander worden gespeeld of gewoon erlangs om dan op snelheid de bal opnieuw te bemachtigen.

3 aanvallers en 3 verdedigers, genummerd van 1 tot en met 3 gaan tegenover elkaar staan op een veld van 20 x 20 m. De coach roept een nummer en 2 spelers lopen het veld op. De aanvaller moet het veld oversteken en de tegenstander die in een hoek van het speelveld staat, verslaan.

Verdediger 2   Aanvaller 2 & 3   Aanvaller 1
Verdediger 1
Verdediger 3

Gevorderden   Rush naar de goal

In deze oefening voor 2 spelers moet de aanvaller de verdediger verslaan en dan op het doel schieten. De verdediger staat aan de rand van het strafschopgebied en de aanvaller staat 5 m achter hem. Hij probeert de verdediger te verslaan en te scoren. Vanuit alle hoeken moet worden geoefend, zowel in de linker- als rechterhoek van het penaltygebied, maar ook in het midden. Wissel daarna van positie.

1 Aanvaller tikt bal naar links met buitenkant van zijn voet en verdediger raakt uit balans.

2 Nu probeert hij van de verdediger weg te spurten voordat die kan reageren.

3 De aanvaller creëert net voldoende ruimte om op het doel te kunnen schieten.

Schieten op het doel

H et klinkt misschien logisch, maar het belangrijkste bij een schot op het doel is dat je probeert het doel te raken. Hoe hard je schiet is minder belangrijk, als de bal naast of over vliegt, is de kans verkeken.

Dreigend op de keeper afkomen

Harde schoten zijn moeilijk te houden voor een keeper, maar voor een speler zijn ze ook moeilijk te sturen. Werk daarom eerst aan je zuiverheid en dan pas aan de kracht. Eindeloos oefenen zal je instinct om de juiste hoek te kiezen, verbeteren. Als een schot de juiste richting heeft, dan bestaat altijd een scoringskans. Ook op de zachtste schoten kan een keeper zich namelijk verkijken.

Trainer

- Blijf kalm als je een schietkans krijgt en probeer zo zuiver mogelijk te schieten. Raak niet in paniek.
- Maak je voetzool hol als je een opstuitende bal trapt, zo blijft de bal laag bij de grond.
- Van dichtbij is zuiverheid belangrijker dan kracht, probeer met de zijkant van je voet te schieten in plaats van met de bovenkant.

Basis   De bal goed trappen

Zorg dat het schot zuiver is door je te concentreren op de techniek.

1 Plaats je standbeen naast de bal, zak iets door je knieën en bewaar je evenwicht met je armen. Leun een beetje voorover de bal.

2 Houd je ogen gericht op de bal en trap in het midden van de bal met de bovenkant van je voet (waar de veters zitten).

3 Wijs de bal met je voet na, zo wordt het schot zuiverder en wint het aan kracht.

Check
- Gebruik beide voeten
- Goede balans
- Weet het doel, ook als je er met je rug naartoe staat.

Praktijk

Maak een doel met kegels en voer deze oefening met zijn tweeën uit. Ga tegenover elkaar staan, de ene speler 15-20 m voor de doellijn en de andere er 15-20 m erachter.

Een speler schiet op het doel, de ander pakt de bal en schiet hem terug. Als je beter gaat schieten, kan het doel verkleind worden. Probeer zowel met links als rechts te schieten vanuit verschillende hoeken.

Concentreer meer op zuiverheid dan op kracht.

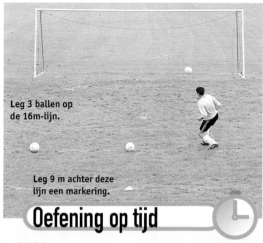

Leg 3 ballen op de 16m-lijn.

Leg 9 m achter deze lijn een markering.

Oefening op tijd

Begin bij de markering. Ren naar de bal aan je rechterhand en schiet hem met je rechtervoet laag in het doel.

Race terug naar de markering, ren naar de bal aan je linkerhand en schiet hem met je linkervoet op het doel.

Als je terugrent rondom de markering, rent je medespeler naar het doel en probeert hij de derde bal te stoppen. Schiet deze middelste bal met je linker- of rechtervoet in het doel, het liefst laag in de hoek.

Meet de tijd, wissel van positie en zie wie het snelste is. Tel 5 seconden op bij je tijd voor ieder gemist schot of redding door de andere speler.

Gevorderden

De keeper in problemen brengen

Probeer altijd laag en in de hoek te schieten. Een keeper kan een hoge bal in de hoek gemakkelijker pakken dan een schot laag in de hoek. Een laag schot meteen naast het lichaam kan voor een keeper vaak zelfs lastiger zijn dan een hoog schot in de hoek.

Probeer vanaf de zijkant van het doel laag in de hoek te schieten.

Laat de keeper, als je recht voor het doel staat, in een hoek duiken.

Terugtrekken

Terugtrekken na een mislukte aanval is in het moderne voetbal ongelooflijk belangrijk. Als spelers worden meegestuurd om een aanval te ondersteunen, dan zal de tegenstander proberen de bal te bemachtigen en snel te counteren, wat soms tot een doelpunt tot leidt. Op tijd terugrennen verhindert een succesvolle counter.

Geef nooit op

Deze oefening draait om het snel draaien en meteen op topsnelheid naar de andere kant van het veld te rennen. Vastberadenheid is hier erg belangrijk, net als een goede tackle. Iedere speler moet dit leren, zelfs verdedigers moeten opeens in tegengestelde richting kunnen rennen om hun posities in te nemen.

Trainer

● Geef nooit op als je terugrent. Zelfs als je te ver weg bent om te tackelen, zal de aanvaller je hete adem in zijn nek voelen en kan overhaast afspelen of schieten.

Check

○ Wendbaarheid
○ Snelheid
○ Doorzettingsvermogen
○ Vastberadenheid
○ Goede tackle

Basis   Achtervolgen en tackelen

Bij het terugtrekken moeten de spelers snel omdraaien en meteen op topsnelheid zijn. Een oefening met 2 teams op een veld van 10 x 30 m met aan één kant een doel van 1 m breed. Speler (A) van team 1 dribbelt langs de 2 metalen spelers (of kegels) en speelt speler (B) van team 2 aan.

Speler (A) rent terug en probeert speler (B) te tackelen voordat (B) kan schieten. Het spel gaat verder met speler (C) die het veld inloopt.

1 Dribbel langs metalen spelers. Geef als je de laatste bent gepasseerd, de bal af aan de speler die klaarstaat.

2 Als de speler de bal aanneemt en wegrent, draai je je snel om en ga je erachteraan.

3 Probeer naast hem te komen en hem te tackelen. Tackle nooit achter de man.

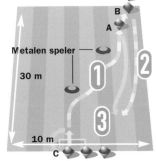

Speler met bal
Baan van de speler
Baan van de bal

B
A
Metalen speler
30 m
①
②
③
10 m
C

Praktijk

In deze oefening rennen de spelers terug over het hele veld. Er staat 1 keeper in de goal. Een aanvaller (donkerblauw) begint 40 m van het doel af met rennen, en staat oog in oog met een zich terugtrekkende speler. Hij speelt de bal door de benen van zijn tegenstander. De zich terugtrekkende speler moet achter de aanvaller aangaan en hem het scoren beletten.

De aanvaller mag vanaf iedere afstand schieten, dus de zich terugtrekkende speler moet zo snel mogelijk bij de aanvaller zien te komen. Hij moet proberen te tackelen en de bal te bemachtigen. Aanvaller en verdediger wisselen elkaar af.

1 De aanvaller (donkerblauw) speelt de bal door de benen van de tegenstander.

2 Als de aanvaller achter de bal aanrent, moet de verdediger zich snel omdraaien.

3 De speler die terugrent, moet versnellen om de aanvaller nog te pakken.

4 Met snelheid en vastberadenheid kan hij nog tackelen.

Gevorderden Het spel maken

Terugrennen geeft niet altijd gelegenheid tot tackelen. Bij deze oefening staan 7 spelers aan elke kant van een half speelveld. Het is de bedoeling de tegenstander te dwingen de bal naar buiten te spelen.

Als 1 team balbezit heeft, moet het andere team terugrennen en achter de bal zien te komen. De opponenten mogen geen kans hebben een goede pass af te geven of de bal in de vrije ruimte te spelen. Een speler moet dichtbij de tegenstander staan om de druk op te voeren; teamgenoten dekken hem. Laat de bal naar buiten spelen en het spel is gemaakt.

De blauwe aanvaller wordt naar buiten gedwongen, maar is op volle snelheid. De verdediger die druk uitoefent, moet terugrennen en hem pakken. Een ander geeft dekking.

Houd aanvaller in bedwang

En aanvaller heeft het wel erg gemakkelijk als een verdediger er roekeloos instormt. Een goede aanvaller herkent zo'n actie direct, passeert eenvoudig en laat de verdediger achter zich.

De aanval afslaan

De hoofdtaak van een verdediger is de aanval te vertragen. Hij zorgt ervoor dat zijn lichaam altijd tussen de aanvaller en het doel is; hij loopt dus iets naar achteren als de aanvaller het doel nadert en wacht op het juiste moment om te tackelen. De aanval wordt zo onderbroken, en de verdedigers kunnen zich hergroeperen.

Trainer

- Iedere verdediger die roekeloos tackelt, verzwakt het team. Zijn teamgenoten kunnen zich zo niet hergroeperen.
- Je mag het de aanvaller niet te gemakkelijk maken. Let op, concentreer je op de bal, niet op bewegingen van de tegenstander.

Basis Sta op je tenen

De aanvaller in bedwang houden berust op 5 gulden regels. (1) Zorg dat de tegenstander voor je staat. (2) Houd je lichaam tussen de aanvaller en het doel. (3) Sta altijd een beetje gedraaid, zodat de aanvaller niet door je benen kan spelen. (4) Sta op je tenen, zodat je snel van richting kunt veranderen. (5) Houd de tegenstander op een armlengte afstand, dan kun je goed tackelen.

De trainer houdt een aanvaller op de juiste afstand.

Verdedigers moeten ervoor zorgen dat ze niet te dicht bij de aanvallers komen.

Praktijk

Dit is een een-tegen-een-oefening op een speelveld van 10 x 20 m. De aanvaller probeert de verdediger te passeren en de bal langs de keeper in een 5 m breed doel te schieten. De taak van de verdediger is de aanvaller te hinderen, hem van het doel weg te leiden en hem te tackelen. De verdediger drijft de aanvaller steeds verder weg van het doel en belet zijn tegenstander dichterbij te komen.

De verdediger komt dichterbij.

Hij blijft wat zijwaarts staan, houdt het oog op de bal gericht, ...

... dwingt de aanvaller naar de buitenkant en kan tackelen.

Gevorderden

Blijf communiceren

De communicatie met je medespelers is erg belangrijk. Een oefening op een speelveld van 10 x 20 m met 2 tegen 2 spelers. Beide partijen beginnen op de tegenover elkaar liggende achterlijnen, de aanvallers (blauw) moeten zich een weg banen langs de verdedigers (groen), die proberen de bal te bemachtigen. Een verdediger houdt de aanvaller in balbezit in bedwang, de ander dekt de aanvaller. Dan positiewisseling.

... terwijl de verdediger B de tweede aanvaller blijft dekken.

Verdediger A staat klaar om de aanvaller met de bal op te vangen...

Check
- Positiespel
- Reactiesnelheid
- Zelfbeheersing
- Snel voetenwerk

Wegkoppen

En verdediger die een hoge bal te verwerken krijgt, moet ervoor zorgen dat de bal niet wegstuit. Dan blijft de bal namelijk te lang in het 16m-gebied en dit schept kansen voor de aanvallers. De bal meteen goed wegkoppen is voor een verdediger de beste en snelste methode om een gevaarlijke situatie te vermijden.

De bal koppen

Bij koppen zijn vastberadenheid, lenigheid, timing en een goede opstelling nodig, niet alleen de lengte van de speler is belangrijk. Zorg dat je als eerste bij de bal bent en probeer de bal zo vroeg mogelijk in de vlucht te koppen. Kop de bal zo hard, hoog, lang en wijd mogelijk weg. Zo schakel je de aanval tijdelijk uit en kunnen je teamgenoten zich hergroeperen.

Trainer

- Volg de vlucht van de bal en probeer hem met je hoofd meteen te raken.
- Leer hoger te springen door je met maar één voet af te zetten.

Check

- Agressie
- Vastberadenheid
- Moed
- Timing
- Oplettendheid

Basis   Hoog springen

Als je de bal wilt wegkoppen uit de gevarenzone, moet je zorgen dat je als eerste bij de bal bent en hem zo ver mogelijk wegkoppen.

Dit kun je prima in je eentje oefenen, door zelf de bal omhoog te gooien. Probeer wat hoger te springen, door je hele lichaam te gebruiken en niet alleen je hoofd en nek.

Probeer de bal zo hoog mogelijk te raken. Kop met je voorhoofd tegen de onderkant van de bal.

1 Verdediger houdt zijn ogen gericht op de bal, zakt iets door zijn knieën, klaar voor de sprong.

2 Als de bal daalt, gooit de kopper zijn armen naar voren en stuwt zichzelf zo omhoog.

3 Nu gooit hij zijn armen naar achteren en duwt hij zijn hoofd stevig tegen de bal.

Praktijk

V oor deze simpele oefening zijn 3 spelers nodig. 2 spelers staan 10 m uit elkaar en een derde probeert in het midden te storen. De afstand tussen de spelers kan worden vergroot zodra ze bedrevener worden in het koppen. Het is de bedoeling de bal naar de andere speler te koppen zonder de middelste speler te raken. Als een speler de overkant niet haalt, moet hij in het midden gaan staan.

1 Werp de bal omhoog, net voor je lichaam en houd de bal goed in de gaten. Time je sprong goed, zodat je de bal op het hoogste punt raakt.

2 Kop met je voorhoofd tegen de onderkant van de bal, zodat de bal over de middelste man heen zeilt. Span je nekspieren bij het koppen.

Gevorderden **Attaqueren**

Als de bal in het penaltygebied komt, moet de verdediger (groen) de bal wegkoppen.

O efen op het koppen in het eigen doelgebied, terwijl een aanvaller druk uitoefent. In deze oefening spelen 3 verdedigers tegen 2 aanvallers en 1 keeper.
De eerste aanvaller speelt de bal naar de tweede aanvaller op de vleugel en hij geeft de bal hoog voorin het penaltygebied, waar de derde aanvaller klaarstaat om de bal in te koppen.

Een van beide verdedigers in het penaltygebied moet de inkomende bal met het hoofd onderscheppen. Hij moet anticiperen op de vlucht van de bal, eerder aan de bal komen dan de aanvaller en de bal zo ver en hoog mogelijk wegkoppen.

1 Ga de bal vastberaden en agressief te lijf. Zorg dat je als eerste bij de bal bent en neem het initiatief.

2 Kop de bal vroeg in de vlucht en stoot er hard tegenaan, zodat de bal ver wegvliegt uit de gevarenzone.

De sliding

En goede, verdedigende sliding is erg moeilijk te leren. Maar als een sliding goed wordt uitgevoerd, is deze techniek van onschatbare waarde. Een speler met een goede sliding is daarom al snel een goede voetballer en voor de verdediging uiterst waardevol.

Let op de risico's

Gebruik een sliding alleen als laatste redmiddel, want deze techniek betekent dat je naar de grond moet en korte tijd uitgeschakeld bent. Verder is de kans op een overtreding erg groot, wat vooral in het 16m-gebied levensgevaarlijk is. Als je geen kans hebt om de bal te raken, probeer dan nooit een sliding te maken. Sta na een sliding altijd zo snel mogelijk op.

Trainer

- Houd je ogen gericht op de bal en niet op de tegenstander.
- Nader tegenstander van opzij, niet van achteren.
- Tik de bal zo ver mogelijk weg van je tegenstander.
- Sta na de sliding onmiddellijk op.

Basis　Naar de grond voor een sliding

Oefen dit met 1 aanvaller en 1 verdediger die naast elkaar beginnen. De aanvaller speelt de bal 5 m voor zich uit. De verdediger moet als eerste bij de bal zien te komen, binnen komen glijden vanaf de zijkant en de bal uit de voeten van de aanvaller wegtikken of proberen te bemachtigen.

1 Als je vanaf de zijkant komt binnenglijden, zorg dan dat je lichaam laag naar de grond gaat. Richt je ogen altijd op de bal.

2 Maak de sliding met het been dat het dichtste bij de tegenstander is en met je arm aan die kant ter ondersteuning. Zwaai je been voor de bal.

3 Als je de sliding hebt uitgevoerd, gebruik dan dezelfde arm om je zo snel mogelijk op te richten. Het liefste natuurlijk met de bal.

Praktijk

Bij een sliding is het belangrijk alleen de bal te raken en nooit de man. Daarom moet je minimaal op gelijke hoogte zijn als je een sliding maakt, want een sliding van achteren wordt altijd afgefloten.

Het loont de moeite deze oefening steeds te herhalen, zodat je een goede timing krijgt, ook in de wedstrijd.

Bij deze oefening begint de verdediger in het groene shirt 1 m achter de verdediger in het blauwe shirt. Het is de taak van de verdediger de aanvaller in te halen, voordat een sliding wordt uitgevoerd. Oefen veel op korte sprints, zodat je je snelheid verhoogt. Je moet vol overtuiging de tegenstander inhalen en de bal onderscheppen.

1 Probeer geen sliding vanachter de tegenstander, hier wordt altijd voor gefloten.

2 Als je voor de aanvaller bent beland, heb je meer kans op een zuivere sliding.

Gevorderden Bal veroveren

Ook al wordt bij een sliding de bal meestal alleen van de voeten weggetikt, het is toch de moeite waard te trainen op balbehoud na een sliding.

Probeer de bal om je wreef te krullen (rechts) als je balcontact maakt, zodat je team balbezit houdt.

Check
- Moed
- Timing
- Coördinatie
- Snelheid
- Alertheid

1 Bevind je naast de tegenstander, glijd dan over de grond met het been waarmee je niet tackelt. Krul voet van je andere been rond bal.

2 Als je de bal eenmaal onder controle hebt, sta dan zo snel mogelijk op en schiet de bal uit de gevarenzone.

Dribbel

Het publiek staat al snel op de banken voor een goede dribbel. Een goed uitgevoerde dribbel is een lust voor het oog en een prima aanvalswapen. Het geheim bestaat uit balcontrole, snelheid en het vermogen met beide voeten te spelen.

Controle en weer versnellen

Een goede dribbelaar heeft controle over de bal en kan snel van links naar rechts bewegen, ook met de bal. Maar een versnelling hoger schakelen om bij de tegenstander weg te stuiven, is misschien nog belangrijker. Een goede dribbelaar zorgt altijd voor veel onrust in de verdediging. Hij wordt dan ook vaak geschaduwd door meer dan 1 verdediger. Er moet dan ook altijd 1 teamgenoot in de buurt zijn aan wie hij kan afspelen.

Trainer

- Kies het juiste tijdstip en de juiste positie voor een dribbel.
- Vergroot je zelfvertrouwen door een speler met de bal te passeren, zodat die op het verkeerde been belandt.

Basis — Leer beide voeten te gebruiken

Een goede dribbel begint met het oefenen van balcontrole op snelheid. Als je dit eenmaal onder de knie hebt, zul je de tegenstander zelfverzekerder tegemoettreden en waarschijnlijk verslaan.

Oefen altijd met beide voeten. Als je maar langs één kant kunt dribbelen, is het voor de tegenstander gemakkelijk je in te sluiten, omdat je voorspelbaar bent.

Concentreer je op balans, snelle wendbaarheid, schijnbewegingen en versnellen, zowel met links als rechts. Je zult een eigen stijl ontwikkelen, misschien korte en snelle stapjes of lange elegante; echte regels zijn er niet voor een goede dribbel.

Probeer je tegenstander in verwarring te brengen.

1 Twee spelers staan aan weerszijden van een lijn tussen 2 kegels die 10 m uit elkaar staan. Geen van beide spelers mag de lijn overschrijden.

2 Met schijnbewegingen en snel veranderen van richting probeert de groene speler al dribbelend naar de kegel te rennen voordat de blauwe speler daar arriveert.

Praktijk

De 6 spelers in de groene shirts dribbelen ieder met een eigen bal op een veld van 10 x 10 m. Op het teken van de coach gebruiken de spelers hun linker- of rechtervoet en versnellen of vertragen ze hun pas. Iedere speler moet alert reageren op de commando's. Meer druk wordt uitgeoefend als er ook nog 4 verdedigers meedoen, die de aanvallers mogen tackelen. Een aanvaller van wie de bal wordt weggetikt, is af.

De dribbelaars moeten elkaar niet voor de voeten lopen.

4 blauwe verdedigers proberen de dribbelaars te tackelen.

Gevorderden In de aanval

Organiseer een wedstrijdje op een speelveld van 20 x 30 m. Aan beide kanten van het veld staan 3 kleine doelen. Er spelen 4 groene tegen 4 blauwe spelers.

Elk team mag in alledrie de doelen scoren. Spelers zullen vaak van richting veranderen en al hun dribbeltechniek in de strijd gooien om op een doel te kunnen schieten. Ze kunnen ook de bal afgeven aan een medespeler die beter staat opgesteld om met een dribbel een doelkans te creëren.

Check
- Gebruik beide voeten
- Goede wendbaarheid
- Efficiënt doen alsof
- Trucjes met de bal
- Snelheid
- Zelfvertrouwen
- Veranderen van snelheid

De gekleurde kegels markeren de 3 kleine doelen aan iedere kant.

Beide teams mogen in alledrie de doelen scoren.

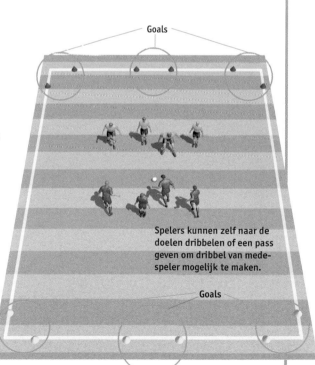

Goals

Spelers kunnen zelf naar de doelen dribbelen of een pass geven om dribbel van medespeler mogelijk te maken.

Goals

Schijnbewegingen

Schijnbewegingen zijn ideaal om de tegenstander op het verkeerde been te zetten. Ren met de bal naar je tegenstander, doe alsof je hem aan een kant wilt passeren en ga er dan aan de andere kant langs.

Overdreven bewegingen

Je moet de richting waarin je zogenaamd met de bal wilt gaan, sterk overdrijven. Plant je voet stevig in de grond, laat je schouder zakken en spurt dan aan de andere kant erlangs.

Deze beweging is met het lichaam gemakkelijk aan te leren, maar om tegelijkertijd de bal onder controle te houden, is heel wat moeilijker. Veel oefenen dus.

Trainer

- Perfectioneer deze beweging zowel links- als rechtsom, zodat de verdediger blijft gissen.
- Maak geen schijnbewegingen in de verdediging, als je hier de bal verliest kan dit slecht aflopen.

Basis ## Plant voet in de grond en laat schouder zakken

Oefen eerst met een kegel die als verdediger dienstdoet, zodat je de beweging goed onder controle krijgt.

Maak er bijna een show van als je zogenaamd een kant opgaat en dan opeens de andere richting opspurt, zo overdreven moet het zijn. Zorg ervoor dat je de bal altijd onder controle houdt en dat je in balans blijft.

Oefen de schijnbeweging zowel links- als rechtsom de kegel, zodat je beide voeten leert gebruiken.

1 Ren met de bal naar de kegel. Maak je klaar voor de schijnbeweging, als je 1 tot 2 m van de kegel verwijderd bent.

2 Plant je voet stevig in de grond en laat je linkerschouder zakken, alsof je wilt uitbreken naar links.

3 Zet je scherp af met je linkervoet en passeer de kegel aan de rechterkant. Spurt nu weg van de verdediger.

Praktijk

Oefen dit met een teamgenoot, ren ieder met een bal aan de voet op elkaar af. Als je bijna bij de kegel bent, maak dan een schijnbeweging en spurt weg via de andere kant. Spreek wel met elkaar af welke kant je opgaat, anders gebeuren er ongelukken.

1 Beide spelers hebben een bal aan de voet en naderen op snelheid de kegel. Beiden doen alsof ze naar links gaan, maar gaan rechtsom.

2 De spelers spurten weg, maar houden controle over de bal. Herhaal oefening met schijnbeweging naar rechts en spurt naar links.

Check
- ○ Wendbaarheid
- ○ Goede balans
- ○ Dribbeltechniek
- ○ Snelle acceleratie

Gevorderden   Passeren van de laatste man

Oefen de schijnbeweging op een echt speelveld met 1 aangever, 2 aanvallers, 2 verdedigers en 1 keeper. De aangever passt de bal naar een van beide aanvallers vanaf de vleugel. De aanvaller moet de verdediger met een schijnbeweging van zich afschudden en schieten. Deze oefening geeft je genoeg zelfvertrouwen om een schijnbeweging uit te voeren en de vrije ruimte optimaal te benutten.

1 Een aanvaller in het groen ontvangt de bal en brengt hem onder controle. De man die hem moet schaduwen, nadert.

2 De aanvaller laat 1 schouder wat zakken om zijn tegenstander op het verkeerde been te zetten en spurt erlangs.

3 De aanvaller staat nu oog in oog met de keeper en schiet op het doel.

Kappen binnenkant voet

Kappen met de binnenkant van je voet kan in vele spelsituaties nuttig zijn, zowel in gevaarlijke omstandigheden voor eigen doel of in de aanval. Hierbij zijn de volgende twee bewegingen erg belangrijk: doen alsof je past of schiet zodat de verdediger klaar gaat staan om de bal te blokkeren. Vervolgens tik je met de binnenkant van je voet de bal langs je lichaam.

Kappen en rennen

Met nog 1 tegenstander tussen jou en het doel is kappen met de binnenkant van je voet een goede beweging om vrij voor het doel te komen of om een verdediger van je af te schudden.

Trainer

- De verdediger moet echt geloven dat je de bal speelt. Overdrijf je bewegingen heel nadrukkelijk.
- Spreid je armen voor meer balans ter misleiding.
- Maak jezelf klein als je de verdediger wilt passeren.

Basis — Kappen en draaien

Kappen met de binnenkant van je voet inclusief halve draai, kan je uit veel lastige situaties redden. Als je verzeild raakt in een groep verdedigers, kun je door 180 graden te draaien, terwijl je de bal met je lichaam afschermt, misschien nog net een medespeler bereiken. Ren naar een kegel of metalen speler, draai 180 graden en ren terug naar de start. Houd de bal steeds onder controle.

1 Terwijl je op de metalen speler afrent, doe je alsof je schiet...

2 ... stop, tik de bal naar je andere voet en draai je om.

3 Zorg dat je lichaam tussen de metalen speler en de bal blijft.

Praktijk

Als je een draai van 360 graden maakt, kun je de verdediger afschudden en wegspurten.

Als de tegenstander je opwacht, zal hij tussen jou en het doel staan. Nadat je gekapt en gedraaid hebt, zal hij achter je komen en kun je wegspurten.

Oefen deze beweging eerst langzaam, draai pas wat sneller als je de techniek onder de knie hebt. Houd de bal steeds onder controle en je lichaam laag als je draait en begint te rennen.

1 Kap met de binnenkant van je voet en draai 360° graden.

2 Neem de bal mee met je voet en ren weg van de metalen man.

Gevorderden — Kappen met een scherpe draai

Oefen dit op een veld van 10 x 20 m. De aanvallers staan allemaal in dezelfde hoek. Een voor een rennen ze met de bal langs de lijn. Vanuit de diagonaal tegenoverliggende kant komt een verdediger aangerend. De aanvaller probeert hem met een binnenwaartse kapbeweging uit te schakelen.

Check
- ○ Snel voetenwerk
- ○ Goede controle
- ○ Snelheid
- ○ Balans en lichaamshouding

1 Belaag de verdediger en doe alsof je gaat schieten of passen.

2 Begin met kappen als verdediger aanstalten maakt om in te grijpen.

3 Houd jezelf laag en kap de bal naar je andere voet.

4 Ren vanuit deze gebogen positie weg van je tegenstander.

Kappen buitenkant voet

K appen met de buitenkant voet is een goede beweging als je lastige verdedigers wilt afschudden. Wendbaarheid, scherpte en goede balcontrole aan het lichaam zijn hierbij erg nuttig, ook hier baart oefening kunst.

Oefen dit door over of naast de bal te stappen en daarna de bal mee te slepen met de buitenkant van je voet. Maak nu een draai en spurt met de bal in tegenovergestelde richting.

Afschermen van de bal

Kappen met de buitenkant van je voet, zorgt ervoor dat je lichaam tussen de bal en de verdediger komt. Vleugelspelers die een verdediger willen afschudden om een voorzet te kunnen geven of vanuit een andere hoek willen aanvallen, hebben hier veel baat bij.

Trainer

● Houd je lichaam laag om in evenwicht te blijven, laat je schouder neer en zet je heupen in bij een draai. Beweeg snel.
● Alles draait om het uitschakelen van de verdediger. Zet 1 voet stevig neer, kap met de andere als bij een schijnbeweging.

Basis Kap jezelf vrij

O efen het kappen met de buitenkant voet eerst met een stilliggende bal om de techniek onder de knie te krijgen.

Zet 1 voet een beetje naar buiten gericht neer, zodat je ruimte hebt om met de andere voet over of langs de bal te zwaaien. Laat je schouder wat zakken (rechterschouder voor rechtsom, linkerschouder voor linksom), kap de bal vanachter je weg met de buitenkant van de voet, voor draai van 180°.

1 Zet 1 voet stevig naast de bal...

2 ... zwaai je andere voet erlangs...

3 ... draai weg in tegenovergestelde richting. Nu de andere voet.

Praktijk

1 Start aan de zijkant van het veld en ren met de bal aan je voet snel naar het midden.

2 Kap bij de kegel gekomen met de buitenkant van je voet en ren met bal terug naar volgende speler.

O efen nu met een bewegende bal. Zet in het midden van een speelveld van 10 x 10 m een kegel als markering. Aan iedere kant van het veld moeten minimaal 2 spelers staan. Een speler van iedere kant rent met de bal naar de markering, draait met een buitenwaartse kap en rent terug naar zijn medespeler. De tweede speler neemt de bal en herhaalt deze beweging.

Gevorderden   Wegdraaien van problemen

B ij deze oefening proberen 4 aanvallers te scoren tegen 4 verdedigers en 1 keeper op een veld van 40 x 40 m. Zowel een kapbeweging buitenkant voet als een doelpunt zijn 1 punt waard.

Probeer te kappen met de buitenkant van je voet als je in het nauw wordt gedreven, als een verdediger je probeert te stuiten of als je naar de zijlijn wordt gedrongen.

Check
- Goede balans
- Vloeiende beweging
- Snelle draai
- Acceleratie na de draai

1 Als de aanvaller langs de vleugel rent, sluit een verdediger hem in om te verhinderen dat hij een breedtepass geeft.

2 Voordat de aanvaller de zijlijn bereikt, kapt hij met de buitenkant van zijn voet, ontwijkt de verdediger en krijgt ruimte.

3 De verdediger is kortstondig verslagen, waardoor de aanvaller tijd heeft voor een goede pass.

Terugtrekbal

I edere aanvaller moet deze beweging beheersen. De terugtrekbal is gemakkelijk te leren. Vooral in situaties met veel spelers bij elkaar op een klein gebied is dit een erg nuttige beweging. Trek de bal met je voetzool wat naar achteren en spurt dan weg.

Snel voetenwerk

Deze beweging wordt nog effectiever als je zelfverzekerd en snel bent bij de uitvoering ervan. Als je de verdediger op het verkeerde been zet, creëer je voor jezelf tijd en ruimte om een aanval op te zetten. Met deze techniek kun je de bal ook voor je goede voet krijgen om te schieten. Het ziet er altijd spectaculair uit en deze techniek komt je in een wedstrijd goed van pas.

Trainer

- Kies het juiste tijdstip voor deze beweging en voer hem snel uit. Slagvaardigheid is het devies.
- Laat de verdediger dichtbij komen, zodat hij uit balans raakt als je de beweging uitvoert.
- Voer de handeling snel uit en weet wat je daarna met de bal gaat doen.

Basis   De bal terugtrekken

D e terugtrekbal is het succesvolst als de verdediger vlakbij staat. Daarom moet deze beweging ook met uiterste precisie en razendsnel worden uitgevoerd. Houd de bal onder controle, zodat je pijlsnel kunt wegstuiven. Oefen de terugtrekbal eerst zonder tegenspeler.

Check
- Goede balcontrole
- Snel voetenwerk
- Snelle draai
- Prima balans

1 Zet de voet waarmee je niet schiet achter en naast de bal. Zo blijf je in balans tijdens de beweging.

2 Houd met de zool van je voet grip op de bal. Trek de bal snel terug, alsof je de bal wegtrekt van een aanstormende verdediger.

3 Trek je voet terug, zodat de bal een halve meter naar achteren rolt. Nu heb je ruimte en meer tijd om de bal in een andere richting te schieten.

Praktijk

Gebruik voor deze solo-oefening een kegel als verdediger en storm hierop af met de bal. Maskeer de terugtrekbal door met een schot of pass te dreigen. Probeer deze oefening snel uit te voeren, zet je voet op de bal en trek hem terug. Nu kun je met de binnen- of buiten- kant van de voet de bal naar links of rechts tikken. Blijf oefenen tot je dit met beide voeten goed beheerst.

1 Concentreer je en houd de bal onder controle.

2 Gebruik je voetzool om de bal terug te trekken.

3 Trek de voet waarmee je schiet terug en...

4 ... schiet de bal in de gewenste richting.

Gevorderden

De verdediger uitspelen

Oefen nu met een team- genoot en wissel elkaar af. De aanvaller moet snel op de verdediger afkomen, maar ook de bal onder controle houden. Hiervoor gebruikt hij de terugtrek- bal, zodat hij de bal naar links en rechts kan tikken.

Als hij wat ruimte heeft gecreëerd, kan hij probe- ren weg te spurten van de verdediger.

Oefen dit met beide voeten.

1 De aanvaller stormt af op de verdediger, en verhult wat hij van plan is.

2 Hij trekt de bal achter zijn standbeen en tikt hem ...

3 ...met zijn linkervoet weg. Nu heeft hij wat meer ruimte.

Het overstapje

O verstapjes zien er ingewikkeld uit en ze zijn levens-gevaarlijk in het 16m-gebied. Verdedigers of kee-pers kunnen hierdoor overtuigend op het verkeerde been worden gezet. Het overstapje brengt een ver-dediger uit balans. Je doet alsof je een kant uitgaat, stapt over de bal en stuift met de bal naar de andere kant. Zo creëer je ruimte voor een breedtepass of voor het afvu-ren van een schot. Ook een gewone pass of het passeren van de keeper maak je zo mogelijk.

Ruimte maken

Je kunt de techniek oefenen vanuit stilstand of met de bal in beweging. Vanuit stilstand kun je opeens de ruimte krijgen een aanval op te zet-ten. Op volle snelheid kun je de speler die je schaduwt, op het verkeerde been zetten.

Trainer

- Ga op je hielen staan, zodat je gemakkelijk van richting kunt veranderen.
- Om de verdediger op het verkeerde been te zetten en snelheid te kunnen ma-ken, misleid je hem, dan pas volgt het overstapje.

Basis   Eerst met de voeten

O efen eerst met een stilliggende bal, zodat je het overstapje in alle rust kunt trainen, tot je het voetenwerk onder controle hebt. Daarna is het overstapje een fluitje van een cent. Langzamer-hand kun je de snelheid verhogen.

Probeer de oefening nu met een bal in beweging. Let erop dat de bal eerst alleen langzaam rolt, ver-hoog geleidelijk de snel-heid tot de beweging vloeiend en automatisch wordt.

1 Ga staan met de bal voor je. Doe alsof je wilt schieten met de binnenkant van je voet, maar til je voet over en langs de bal.

2 De voet waarmee je het overstapje maakt, moet over de bal scheren en aan de andere kant neerkomen. Daarna moet je hem meteen terughalen.

3 Schiet de bal naar voren in de andere richting met de buitenkant van dezelfde voet. Stop de bal en doe het nog een keer.

Praktijk

De aanvaller doet alsof hij naar links gaat, stapt over de bal heen en speelt naar rechts.

De verdediger volgt de speelvoet en de bewegingen van het lichaam.

Je beheerst deze oefening voldoende als de beweging genoeg tijdwinst oplevert voor een breedtepass, pass of schot op het doel. Want scoren is natuurlijk waar het allemaal om draait.

Je hebt 1 keeper en 1 verdediger nodig, voor de rest kunnen het allemaal aanvallers zijn. De verdediger wacht op de penaltystip; de aanvallers gaan langs de lijn naast het doel staan. Beurtelings rennen de aanvallers af op de verdediger en proberen ze hem met een overstapje te foppen en zo een doelkans te creëren.

Als iedereen aan de beurt is geweest, wisselen verdediger en keeper van plaats.

Gevorderden

Test het overstapje op een teamgenoot. De aanvaller moet met de bal aan zijn voet op de verdediger afkomen en met een overstapje proberen hem te passeren en weg te spurten.

Check
- ○ Snel voetenwerk
- ○ Goede balans
- ○ Coördinatie
- ○ Verberg je bedoeling
- ○ Schouder laten zakken
- ○ Snel wisselen van richting
- ○ Test met buitenkant voet

Oefenen met een tegenstander

1 Speel de bal zachtjes naar je tegenstander. De verdediger moet nog niet aandringen.

2 Doe alsof je gaat passen of schieten, maar til je voet over de bal en laat hem aan de andere kant neerkomen.

3 Verplaats je gewicht op de voet waarmee je het overstapje maakte en zet je stevig af zodat je abrupt van richting kan veranderen.

4 Speel de bal naar voren en tegelijkertijd naar buiten met de voet van het overstapje. Maak snelheid.

De Cruyff-draai

Genoemd naar Johan Cruyff, onze voetbal-god uit de jaren 1970. De draai drijft verdedigingen nog altijd tot wanhoop. Op het WK in 1974 vergaapte de wereld zich voor het eerst aan dit kunstje, toen Nederland mede dankzij Cruyff de finale haalde. Met enige oefening is de techniek goed te leren.

Vloeiende beweging

Dankzij de draai kun je snel van richting veranderen en je tegenstander het nakijken geven. Met één beweging kun je de bal vanachter je been met de binnenkant van je voet wegtikken en je vervolgens snel weer omdraaien naar de bal.

Trainer

- Wegspurten op volle snelheid is erg belangrijk. Zelfs als je een perfecte draai maakt, kan een goede verdediger snel bij de les zijn. Zorg er dus voor dat je dan al weg bent.
- Let steeds op waar de bal is, zodat je snel kunt draaien, achter de bal aan kunt rennen en hem onder controle brengt. Zoals met alle baltrucs baart ook hier oefening kunst.

Basis — Een snelle tik

Oefen de Cruyff-draai eerst met een stilliggende bal. Let vooral op je voetbewegingen.

Als je die goed beheerst, maak dan snelheid en dribbel een paar meter voordat je de draai maakt.

Spurt weg op volle snelheid als je eenmaal hebt gedraaid. Werk aan je schijnbewegingen, haal je been naar achteren zodat het lijkt of je gaat schieten in plaats van de bal achterwaarts te tikken.

1 Plaats een voet naast de bal en haal het andere been naar achteren als bij een pass of schot.

2 Zwaai met de voet waarmee je gaat schieten over de bal en tik met de binnenkant van je voet de bal achter je andere been langs.

3 Draai in een vloeiende beweging, zodat je meteen in tegenovergestelde richting kunt wegrennen.

Praktijk

Probeer de Cruyff-draai terwijl je rent met de bal. Zet 2 markeringen 5 m uit elkaar en dribbel vanaf de ene markering met de bal naar de andere. Draai je om in een vloeiende beweging en dribbel terug, herhaal dit 10 x in iedere richting.

Probeer je snelheid te verhogen en houd de bal steeds in beweging, zodat je bewegingen vloeiend worden.

1 Ren op drievierde snelheid met de bal aan de voet.

2 Tik de bal achterlangs als je de markering hebt bereikt en draai je om.

3 Dribbel terug naar de eerste markering en maak je opnieuw klaar voor de draai.

Gevorderden

Draaien tijdens het rennen

Check
- Goede schijnbeweging
- Vloeiende bewegingen
- Snel uitvoeren
- Snel wegrennen

Als je de Cruyff-draai beheerst, is het tijd deze beweging te oefenen met een verdediger die jou onder druk zet. Wissel af en toe de aanvallers- en verdedigersrol. De aanvaller moet proberen de verdediger met de Cruyff-draai uit te spelen.

1 Met een verdediger op zijn hielen rent de aanvaller naar voren en maakt zich op voor de draai.

2 De verdediger poogt de aanvaller bij te houden, maar wordt door de Cruyff-draai misleid.

3 De verdediger gaat nog vooruit, terwijl de aanvaller allang de andere kant oprent.

4 De aanvaller heeft nu wat ruimte gecreëerd en laat de verdediger achter zich.

Snelle pass

Niets beweegt zo snel over het veld als de bal. Een snelle en accurate pass kan ieder team, hoe goed ook, in verlegenheid brengen. Een effectieve pass met 1 korte voetbeweging is echter moeilijk te leren.

Snel beslissen en het volgen van de balbewegingen zijn hierbij essentieel. Als de bal op je afkomt, moet je al weten wat je ermee gaat doen. Dan moet je al hebben besloten waarheen je de bal speelt.

Kort maar krachtig

De richting van de pass is erg belangrijk. Overschat jezelf niet en houd de pass simpel en binnen je mogelijkheden. Als je de bal hebt afgespeeld, ren dan meteen de vrije ruimte in zodat je vrij staat.

Trainer

- Beslis vroeg waarheen je gaat passen.
- Wees niet te ambitieus. Een korte en scherpe pass, kan voor de tegenstander net zo lastig zijn als een diepe en hoge pass.
- Zorg ervoor dat je medespeler de pass gemakkelijk onder controle kan krijgen.

Basis   'Lezen' van de pass

De basis van een snelle pass is afspelen en meteen vrijlopen. Wees paraat als de bal op je afkomt, kijk waar je teamgenoten heen lopen en speel af. Ren daarna de vrije ruimte in, zodat je de bal opnieuw kunt aannemen. Snel beslissen en veel bewegen zijn essentieel bij het uitspelen van een verdediger.

1 Beslis al als de bal op je afkomt waarheen je passt en draai je lichaam alvast die kant op.

2 Speel de bal met de juiste snelheid, zodat de bal precies voor de voeten van je teamgenoot valt.

3 Ren meteen weg als je hebt afgespeeld en laat je directe verdediger achter.

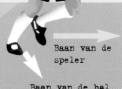

Baan van de speler

Baan van de bal

Praktijk

In deze oefening leer je korte passes te geven. Je doet de oefening met zijn tweeën.

Ga eerst 2 m uit elkaar staan en speel de bal heen en weer, met beide voeten. Let erop dat je gevoel in de bal legt, zodat hij steeds goed voor de voeten van je medespeler valt. Ga wat verder uit elkaar staan en verander na iedere pass van positie.

Ga eerst 2 m uit elkaar staan en speel elkaar de bal voorzichtig toe met de wreef. Houd de ogen gericht op de bal.

Oefen de pass met de binnenkant en de buitenkant van beide voeten!

Als je bent opgewarmd, herhaal je deze oefening terwijl je 5 m uit elkaar staat. Ren in een andere positie als je de bal hebt afgespeeld.

Gevorderden   Passeer de middelste speler

Voor deze oefening zijn minimaal 4 spelers nodig. Ze vormen een cirkel met een doorsnede van 20 m. 1 speler staat in het midden.

De middelste speler speelt de bal naar een van de spelers in de cirkel. Hij speelt de bal naar de middelste speler. Die speelt de bal nu naar een andere speler in de kring.

Deze oefening stopt als er 20 succesvolle korte passes zijn gegeven. Dan gaat iemand anders in het midden staan. Als de speler eenmaal goed in het spel zit, moet hij proberen op de bal af te lopen om zo eerder te kunnen passen. Hij kan de bal ook eerst langs zich laten rollen en dan pas afspelen.

Check
- Snel beslissen
- Visie
- Accurate passing
- Intuïtief en intelligent afspelen op snelheid

1 Als de bal op je afkomt, moet je alert zijn en klaarstaan. Je hebt al besloten naar wie je passt.

2 Pass bij het eerste balcontact. Speel de bal niet te hard, want dan heeft je medespeler moeite de bal onder controle te krijgen.

3 Besluit al waar je de volgende bal heen speelt, als je hebt afgespeeld. Zorg voor precieze passing en wees steeds alert.

Lage, harde breedtepass

A ls een speler de verdediging op de vleugel heeft uitgespeeld en bijna bij de achterlijn is gekomen, kan
hij het beste een lage harde pass voor het doel
geven.

Pas je techniek aan

Deze pass biedt aanstormende aanvallers in het penaltygebied goede scoringsmogelijkheden en brengt de verdedigers
in het nauw. Een kort balcontact van aanvaller of verdediger
is al voldoende om de bal in het doel te doen belanden.
Maar deze pass moet precies op het juiste moment worden
afgegeven. Een lage pass is natuurlijk zinloos als er nog
een verdediger tussen jou en het 16m-gebied staat. Dan
is het beter de bal over de verdediger heen te spelen,
zodat hij de bal niet kan onderscheppen.

Trainer

- Leun nooit naar achteren, maar over de bal heen en de bal laag blijft.
- Kijk altijd kort omhoog voordat je schiet, zodat je zeker weet dat de bal buiten bereik van de keeper blijft.
- Buit een goede positie uit. Neem de tijd, zodat je er zeker van bent dat de bal in het 16m-gebied belandt.

Basis Terughalen

E en lage en harde breed-
tepass is moeilijk te
leren, omdat je dit schot
gewoonlijk uitvoert als je
met hoge snelheid op de
achterlijn afrent.

Zorg dat je voet iets
rondom de bal komt, zodat
je de bal lichtjes terug het
veld inschiet, direct in de
voeten van de aanvallers.
Houd je hoofd gebogen
over de bal.

Ga niet overhaast te
werk, want dan is de kans
groot dat je buiten het
speelveld glijdt terwijl de
bal achter het doel of
gewoon in handen van de
keeper komt.

1 Houd je hoofd naar beneden, je armen enigszins gespreid en je lichaam iets over de bal gericht.

2 Krul je voet wat rondom de bal als je balcontact maakt.

3 Schiet laag en krachtig, dan kan de keeper slecht bij de bal.

Praktijk

(1) Strek je niet voor een breedtepass. Plaats je standbeen direct achter de bal.
(2) Krul je voet wat rond de bal.
(3) Schiet hard en direct.

Schiet de bal tussen de markeringen door (blauw), buiten het bereik van de keeper.

Om de precisie van je pass te verbeteren, kun je de markeringen 1 m uit elkaar zetten aan de rand van het 16m-gebied.

Vleugelspelers dribbelen beurtelings langs de vleugel en spelen de bal hard en laag tussen de markeringen door richting 16m-gebied tussen de penaltystip en de 5½m-lijn.

Gevorderden   Zorg dat het loont

In dit oefenpartijtje spelen 5 aanvallers tegen 5 verdedigers op een half speelveld. De aanvallers hebben op iedere vleugel een man staan om een korte en harde pass te geven. In dit gebied mogen geen verdedigers komen, zodat de vleugelspelers alle tijd en ruimte hebben om een goede pass in het doelgebied te geven. De andere aanvallers spelen de bal breed, omdat ze de inkomende ballen goed moeten timen.

Check
- ○ Goede balans
- ○ Accuratesse
- ○ Excellente techniek
- ○ Kracht

1 Vleugelspeler A geeft een lage pass in het 16m-gebied.

2 Speler B heeft een betere timing dan zijn teamgenoten ...

3 ... en tikt de bal weg.

Wegdraaien tegenstander

Een-op-een-verdediging in het 16m-gebied zorgt voor veel vrije ruimte. Als de verdedigers te dicht op de aanvallers staan, kunnen de aanvallers gemakkelijk wegdraaien van hun directe verdediger en de vrije ruimte in rennen, voordat de tegenstander tijd heeft te reageren.

Dit explosieve wegdraaien kan de taaiste verdedigingen breken. Als een teamgenoot dit van tevoren al doorziet en je op het juiste moment aanspeelt, is de scoringskans groot.

Een doelpunt als beloning

Wegdraaien is verrassend, ook je teamgenoten moeten er rekening mee houden en je op het juiste moment aanspelen! Dit vergt enige oefening, maar een goede speler heeft dat graag voor een doelpunt over.

Trainer

● Sein met een knikje of geef een ander teken richting je medespeler in balbezit dat je van plan bent weg te draaien van je tegenstander.

● Zelfs als je teamgenoten niet op tijd merken dat je wegdraait, zullen de tegenstanders erdoor in problemen komen.

Basis   Je directe man kwijtraken

Jezelf perfectioneren in het wegdraaien van je tegenstander is mooi, maar heeft alleen zin als het contact met je medespelers goed is. Oefening baart ook hier kunst.

In deze oefening passt een speler vanaf een kant van het speelveld van 20 x 10 m de bal in de flank van een teamgenoot, die vervolgens wegdraait van zijn tegenstander. Hij gebruikt zijn lichaam om los te raken van de tegenstander, de bal aan te nemen en hem mee te nemen naar het oorspronkelijke aanspeelpunt.

1 Begin al te draaien voordat je teamgenoot de bal afspeelt.

2 Houd je lichaam tijdens de draai tussen de bal en de verdediger.

3 Nadat de bal je is gepasseerd, ren je weg van de tegenstander.

Praktijk

Op een veld van 20 x 15 m worden 2 aanvallers geschaduwd door 2 verdedigers. Een aangever speelt de bal naar een van beide aanvallers die dan wegdraait van zijn directe tegenstander of de bal doorspeelt naar de andere aanvaller. De aanvaller moet wel eerst van zijn tegenstander zijn weggedraaid. Het is de bedoeling de bal naar het einde van het speelveld te spelen. Oefen zowel links- als rechtsom.

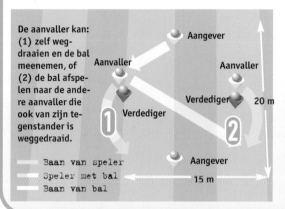

De aanvaller kan:
(1) zelf wegdraaien en de bal meenemen, of
(2) de bal afspelen naar de andere aanvaller die ook van zijn tegenstander is weggedraaid.

Aangever
Aanvaller
Aanvaller
Verdediger   20 m
Verdediger
Aangever
15 m

Baan van speler
Speler met bal
Baan van bal

Als de aangever de bal afspeelt naar een van de aanvallers...

... probeert de andere aanvaller weg te draaien van zijn tegenstander.

Gevorderden   Wegdraaien in de vrije ruimte

Deze oefening vindt plaats op een half speelveld. 2 aangevers staan op de middenlijn en spelen de bal naar de 4 aanvallers die voor hen staan. Ze staan tegenover 4 verdedigers en 1 keeper. Het doel van deze oefening is dat de aanvallers een doelpunt maken door weg te draaien van hun tegenstanders.

De aanvallers proberen weg te draaien in de vrije ruimte, zelfs als ze de bal niet krijgen aangespeeld.

1 Als de bal naar een andere aanvaller wordt gespeeld, draai dan weg van je tegenstander en loop je vrij.

2 Nu heb je genoeg vrije ruimte om aangespeeld te worden en te scoren.

Check
○ Bliksemsnel draaien
○ Kracht om je tegenstander bij draaien af te houden
○ Balans en abrupte snelheid
○ Scherpte
○ Communicatie

Direct schieten

Alle goede spelers ter wereld beheersen de techniek van de bal direct op de slof nemen. Zelfs een breedtepass of steekbal kunnen deze spelers in een keer op het doel afvuren.

Het is prachtig om te zien hoe de tegenstander door dit soort schoten in verlegenheid wordt gebracht. Het lukt de keeper vaak niet de goede positie kiezen. Meestal heeft hij voor een redding zelfs geen tijd meer. Dekkende verdedigers kunnen zo'n verrassend schot vaak niet blokkeren.

Een kwestie van techniek

Een correcte techniek is hier erg belangrijk. Een goede speler kan zelfs een stuiterbal in één keer op de slof nemen.

Trainer

● Oefen met een bal in beweging, want een stilliggende bal in één keer op de slof nemen in een wedstrijd komt zelden voor.
● Houd je ogen steeds gericht op de bal, kijk niet omhoog naar het doel waarop je richt, dan schiet je snel over de bal heen.

Basis Zuiver schieten

Bij een direct schot is een goede techniek essentieel, de bal moet in één keer in het doel kunnen vliegen.

Oefen eerst met een stilliggende bal. Concentreer je erop het midden van de bal en van het doel te raken. Schiet steeds iets harder en oefen met beide benen, zodat je niet van houding hoeft te veranderen tijdens de wedstrijd.

1 Kom in een flauwe hoek op de bal af. Houd je hoofd naar beneden gericht en plaats je standbeen 20 cm naast de bal.

2 Houd je ogen gericht op de bal en schiet er stevig met je voet tegenaan. Wees doelgericht.

3 Het nawijzen van de bal met de voet is erg belangrijk. Houd je hoofd nog steeds laag en zwaai je been naar voren en een beetje omhoog.

Praktijk

Het doel van deze oefening is het direct op de slof nemen van een steekpass. De aanvaller staat aan de rand van het 16m-gebied met zijn gezicht naar het doel. Zijn trainingsmaatje staat 4 m achter hem en speelt hem de bal vanuit verschillende hoeken en op verschillende snelheden aan. De aanvaller beslist in een flits hoe hij gaat staan, en schiet direct op het doel.

1 De aangever besluit de bal links van de aanvaller te spelen.

2 Zodra hij de bal ziet, spurt hij erachteraan.

3 Zonder snelheid te verminderen, schiet hij op het doel.

Gevorderden   Schieten onder druk

Deze oefening vindt plaats op eenderde deel (inclusief 16m-gebied) van een speelveld en er zijn 7 spelers voor nodig. Op iedere vleugel staat 1 aangever en verder bestaat ieder team uit 2 aanvallers, 2 verdedigers en 1 keeper. Een aangever speelt de bal in het 16m-gebied. De aanvallers moeten proberen de bal in één keer op de slof te nemen en te scoren. Ze moeten dus de run op de bal zo timen, dat ze er eerder bij zijn dan de verdedigers.

Check
- Goed positiespel
- Scherpte
- Goede schottechniek
- Oog voor het doel
- Routine met beide voeten

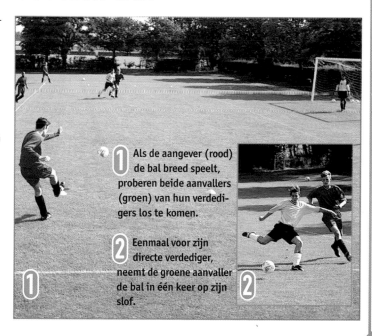

1 Als de aangever (rood) de bal breed speelt, proberen beide aanvallers (groen) van hun verdedigers los te komen.

2 Eenmaal voor zijn directe verdediger, neemt de groene aanvaller de bal in één keer op zijn slof.

De volley

D e bal raken in de vlucht voordat hij de grond raakt, is niet eenvoudig, maar levert vaak wel scoringsmogelijkheden op. Als er geen tijd is om de bal onder controle te krijgen, kan een volley de enige manier zijn om het doel te bereiken. Bij een pass vanaf de flank, een weggekopte bal uit de verdediging en een slechte uittrap van de keeper is een volley gericht op het doel, levensgevaarlijk.

Klaarstaan voor het schot

Een goede volley vereist timing, zelfvertrouwen en een perfecte techniek. Een klein foutje en de bal vliegt het stadion uit. Een goede lichaamshouding is hierbij van vitaal belang. Je moet vroeg besluiten een volley af te vuren en al klaar gaan staan. Verder komt het aan op traptechniek, moet je je hoofd gebogen houden en je ogen bij het schot altijd gericht houden op de bal.

Trainer

● Kom als eerste bij de bal.
● Ga met je hele lichaam klaarstaan.
● Buig je over de bal heen.
● Houd je armen gespreid voor een juiste balans.
● Schiet zuiver.

Basis   Alles moet kloppen

E en volley kan op 2 manieren worden uitgevoerd: vanaf de voorkant en vanaf de zijkant. Maar het principe blijft gelijk. Vanaf de voorkant is de techniek het gemakkelijkst te leren, de volley vanaf de zijkant komt later wel. Loop naar de bal en vergeet niet de bal met je been na te wijzen.

Check
○ Snel beslissen en bewegen
○ Moed en vastberadenheid
○ Goede techniek

1 Laat een teamgenoot de bal opgooien op scheenbeenhoogte. Als je wilt gaan schieten, strek dan je voet uit door je tenen naar beneden te krullen, zo blijft de bal laag.

2 Houd je ogen gericht op de bal als je schiet met de bovenkant van je voet (waar de veters zitten). Houd jezelf met je armen in evenwicht.

3 Houd je hoofd laag en wijs de bal met je been na. Zo krijgt de bal de goede richting en snelheid.

Praktijk

Voor deze oefening heb je 3 spelers nodig. Speler A speelt de bal zonder dat de bal de grond raakt naar speler B, die de bal stevig terugvolleyt. Verhoog je accuratesse door de bal met je been na te wijzen in de gewenste richting. Speler A speelt de bal nu naar speler C, die de bal op dezelfde manier terugspeelt.

Wissel van positie als iedere speler 10 volleys heeft gespeeld. Oefen met beide voeten!

Gevorderden   Volleyen in de lucht

Als de bal vanaf de vleugel wordt aangespeeld is een volley erg moeilijk. Probeer de bal te raken als je je lichaam 90 graden hebt gedraaid, hoogstwaarschijnlijk in de lucht omdat je de bal van onderen probeert te raken. Een teamgenoot speelt de bal op borsthoogte aan, vanaf 10 m afstand. Ren naar de bal en ga in de juiste positie staan. Houd je ogen gericht op de bal en schiet op de keeper.

1 Als de bal op je afkomt, zet je dan af met de voet van je standbeen en draai met je armen, zodat je de keeper in de ogen kijkt. Spreid je armen voor de balans en houd je blik gericht op de bal.

2 Raak de bal aan de bovenkant zodat de bal laag blijft. Voor een zuiver schot op het doel moet het balcontact kort zijn. Zorg ervoor dat je je val met je achterste arm opvangt.

De halve volley

En halve volley is de techniek dat je de bal meteen na het opstuiteren raakt met je voet. Een prachtige manier om te scoren. Soms is dit de enige manier om op het doel te schieten. Met wat oefening kan een halve volley harder op het doel afvliegen dan een gewoon schot (rollende of stilstaande bal). De keeper zal in ieder geval verrast zijn.

Schieten met visie

Om de halve volley onder de knie te krijgen, moet je eerst leren op een opstuitende bal te anticiperen. Je moet een beetje over de bal heen leunen en zorgen dat je in evenwicht blijft om op het juiste moment te kunnen schieten. Schiet je te vroeg, dan maai je over de bal heen. Reageer je te laat, dan raakt de bal je scheenbeen en verlies je de controle over de bal.

Trainer

● Beoordeel de opstuitende bal. Raak de bal niet in de vlucht. Soms is het gemakkelijker de bal even te laten opstuiten van de grond en hem dan in een halve volley te nemen.
● Raak de bal met de bovenkant van je schoen en wijs na met je been.

Basis Opspringen en schieten

Houd het balcontact zuiver en kortstondig net na de stuit. Zo voer je de halve volley goed uit. Je timing moet natuurlijk perfect zijn.

Laat de bal eerst op de grond vallen, kort opstuiten en schiet daarna meteen met de bovenkant van je voet. Onthoud hoe je hebt geleerd te schieten: houd je hoofd wat gebogen over de bal, spreid je armen om in evenwicht te blijven en wijs het schot na met je voet.

1 Houd je blik gericht op de bal en anticipeer op de stuitrichting.

2 Gebruik je armen voor de balans, wijs met je voet naar de grond en raak de bal meteen na de stuit.

3 Het schot wint aan kracht en controle als je met je schietvoet de bal nawijst.

Praktijk

Ga 20 m van een teamgenoot afstaan en volley elkaar met een stuit de bal toe. De afstand kan variëren.

Zorg ervoor dat je zo zuiver mogelijk naar je medespeler speelt. Wijs met je voet naar de grond en raak de bal in het midden. Wijs met je voet in de gewenste richting van de bal.

Als je meer controle over de bal hebt en ook de snelheid kunt controleren, is de kans dat je het doel raakt heel groot en is de halve volley voor iedere keeper levensgevaarlijk.

1 Probeer de stuitrichting te bepalen en plaats je standbeen naast de bal.

2 Controleer de richting van de bal door hem met je voet na te wijzen.

Gevorderden   De keeper verslaan

1 De bal valt bij de voeten van de aanvaller en hij haalt uit voor een halve volley.

2 Zijn hoofd over de bal heen houdend, raakt hij hem met kracht en precisie.

Oefen ook in een wedstrijdsituatie op de halve volley. 2 teams van ieder 3 spelers spelen op een veld van 20 x 20 m met 2 doelen.

Iedere speler kan de bal oppikken, laten opstuiten en in een halve volley op de slof nemen. De speler krijgt 1 punt als hij op deze manier weet te scoren, en 2 punten als hij scoort met een halve volley op aangeven van een teamgenoot. Alle spelers mogen hun handen gebruiken om de bal te redden uit het doel, dus de volley moet loepzuiver zijn.

Check
- ◯ Wendbaarheid
- ◯ Excellente timing
- ◯ Balans en coördinatie
- ◯ Vloeiende schottechniek

Langeafstandsschot

K eepers zijn altijd doodsbenauwd dat een aanvaller met een goed afstandsschot in de benen in schiet-positie komt. Hij kan erop rekenen dat de bal nu ieder moment in een van de 4 hoeken van het doel suist.

Hoe een langeafstandsschot uitvalt, heeft niet alleen te maken met kracht. Een bal die direct op de slof wordt genomen is heel anders dan een bal die eerst onder controle wordt gebracht. Bij de laatstgenoemde schottechniek kan de speler eerst de juiste schiethouding aannemen, zuiver schieten en zich vooral richten op het doel.

Trainer

- Breng je in balans voordat je schiet.
- Wees rustig tijdens het schieten en vooral niet te gretig.
- Wees je bewust van de afstand, als je van te veraf schiet, heeft de keeper geen moeite met de bal.

Basis Blijf in balans

P robeer de bal te schieten vanuit stilstand, zo'n 19 m van het doel.

Probeer de bal niet te hard te raken, dan verlies je je evenwicht en kan de bal alle kanten opvliegen.

Raak de bal vol en concentreer je erop laag en zuiver te schieten. Goede balcontrole is bij een langeafstandsschot doorslaggevend. Probeer te richten op de hoeken van het doel om het de keeper niet te gemakkelijk te maken.

1 De aanvaller schiet de bal zuiver en blijft in balans.

2 Hij blijft ontspannen en concentreert zich op het zuiver schieten van de bal.

3 Hij houdt zijn hoofd naar beneden gericht en wijst de bal na met de voet.

Praktijk

1 De oefening begint met een strak schot naar de ontvanger.

2 Ontvanger speelt de bal terug in de loop van de aanvaller.

3 Hij checkt zijn loop zodat hij de bal kan raken.

In deze oefening spelen 2 aanvallers samen aan de rand van het 16m-gebied om een doelkans te creëren. Een een-tweetje tussen de eerste aanvaller en de tweede

aanvaller. Hij brengt de bal onder controle en schiet.

De nadruk ligt op de eerste balaanname en op een zuiver, strak schot op het doel.

4 Hij brengt de bal onder controle en boort de bal in het doel.

Gevorderden   Grijp je kans

In deze oefening moeten de verdedigers druk uitoefenen op de aanvallers als ze op het doel schieten.

De aanvallers hebben het voordeel van 6 spelers tegen de tegenstander maar 3 op een half speelveld. Ze mogen alleen schieten vanaf een lijn die zo'n 19 m van het doel verwijderd is.

Omdat de aanvallers een numeriek overwicht hebben, kunnen ze altijd afgeven aan een teamgenoot die ongedekt staat. Als een aanvaller zich gereedmaakt om te schieten, moet hij snel reageren, de bal in één beweging aannemen en schieten voordat de verdedigers hem kunnen bedreigen.

Vergeet niet dat het raken van het doel bij een langeafstandsschot het belangrijkste is.

Check
- Zelfvertrouwen
- Kalmte
- Accuratesse
- Techniek
- Kracht

Ondanks de beide verdedigers lukt het de aanvaller op het doel te schieten.

Dropshot

S oms valt de bal in het 16m-
gebied zomaar voor je voeten, de keeper staat dan
vaak slecht opgesteld. Blijf
dan vooral rustig en benut de situatie optimaal.
Een dropshot, dus een bal die snel stijgt en nog
sneller daalt achter de keeper, is voor iedere aanvaller
een effectief wapen en levert prachtige doelpunten op.

Topspin als sleutel tot succes

Dit schot wordt met veel topspin genomen in een volley of halve volley, zodat de bal eenmaal achter de keeper, meteen scherp daalt. Dankzij de topspin wordt de
druk bovenop de bal groter en eronder kleiner. De bal
daalt, omdat hij in het gebied met lagere druk wordt
gezogen.

Trainer

● Techniek is de sleutel
voor succes bij een
dropshot. Ontspan je en
laat de bal van je schoen
vliegen.
● Gebruik dezelfde techniek
als bij een lange pass, dus
hoog over de hoofden van
de verdedigers en voor de
voeten van je aanvallende
teamgenoten.

Basis   Tik de bal omhoog en naar voren

E en scherp dalende bal
heeft veel topspinef-
fect. Hiervoor moet je de
bal tegelijkertijd voor-
waarts en opwaarts zien
te raken.

Plaats je voet onder de
bal en raak de bal hard
met je 'veters' (aan de
bovenkant van de
schoen). Til tegelijkertijd
je been op en geef de bal
'al vegend' een opwaart-
se beweging mee met het
punt waar je de wreef
samentrekt en wijs de bal
na met je voet.

Raak de bal opwaarts
en tegelijkertijd voor-
waarts voor voldoende
topspin. De bal vliegt

eerst omhoog, door
de topspin draait de
bal vervolgens naar
beneden het doel in.

Praktijk

1 Veeg met de bovenkant van je schoen langs de achterkant van de bal...

2 ... wijs de bal zo hoog mogelijk na...

3 ... met een vloeiende en glijdende beweging.

Laat voor deze oefening de bal voor je voet vallen en raak de bal als hij opstuit.

Leun een beetje naar achteren met je lichaam en wijs de bal met je voet zo hoog mogelijk na. Breng je voet hierbij zo snel mogelijk omhoog, voor een optimaal spineffect.

Door de opwaartse beweging kan het zijn dat je standbeen loskomt van de grond.

Gevorderden

Oefenen over langere afstand

Deze oefening vindt plaats op een speelveld van 30 m, waar 4 spelers in een rechte lijn staan opgesteld op 0 m, 10 m, 20 m en 30 m.

Beide spelers aan de 2 achterlijnen schieten elkaar met een dropshot de bal toe, over de 2 verdedigers die ertussen staan opgesteld.

Check
- ○ Goede techniek
- ○ Kijken waar de keeper staat
- ○ Schottechniek
- ○ Kalmte

Laat de bal op de grond vallen...

... schiet de bal over de eerste verdediger en zorg ervoor dat hij achter de tweede verdediger neerkomt.

De indraaiende effectbal

En langeafstandsbal met effect, die langs de keeper het doel indraait, is prachtig om te zien. Zelfvertrouwen is het sleutelwoord. Als je in jezelf gelooft en op het juiste moment schiet, krijg je het publiek gemakkelijk op de banken. Door oefening kun je deze techniek onder de knie krijgen en zelfs de beste keeper in de luren leggen.

Indraaien van de bal

Een aanvaller schiet vaak met effect als hij voor een verdediger komt te staan en op het doel wil schieten. Vaak is er zelfs geen andere mogelijkheid.

Trainer

- Wees niet bang om een indraaiende bal te schieten, je zou jezelf kunnen verrassen.
- Concentreer je op het doel, dat moet je prioriteit hebben.
- Krul je rechtervoet een beetje langs de bal voor een indraaiend effect
- Hoe harder je schiet, hoe meer effect de bal meekrijgt.

Basis   Draai de bal naar het succes

Op het plaatje hiernaast is de weg naar het doel voor de aanvaller geblokkeerd. Maar hij ziet dat de keeper voor de doellijn staat en probeert hem met een indraaiende bal in de verre hoek te verrassen.

Hij probeert de bal langs de verdedigers en de keeper te krullen, voordat ze kunnen reageren.

Wees ervan overtuigd dat de bal erin draait, terwijl je de bal voor je gevoel langs het doel speelt.

De rode pijl toont het gedeelte van de bal dat voor het gewenste effect geraakt moet worden. Kijk op het plaatje rechts.

Check
- Visie
- Zelfvertrouwen
- Goede traptechniek
- Accuratesse

Techniek   Krul je voet rond de bal

Voordat je deze techniek in een wedstrijd toepast, moet je veel oefenen. Spreid je armen een beetje voordat je de bal raakt (van rechts naar links in dit voorbeeld) en ontspan je bovenlichaam.

Zwaai je been ver naar achteren, raak de bal iets aan de rechterkant en wijs de bal met je voet na.

1 Houd je hoofd gebogen als je de bal nadert.

2 Zwaai je trapbeen ver naar achteren, voordat je de bal raakt.

3 Vergeet niet de bal na te wijzen met de voet.

Gevorderden   Een bewegende bal raken

Deze schietoefening helpt je een indraaiende bal vanaf lange afstand te perfectioneren. Ook leer je zo een bewegende bal goed te raken. Buiten het penaltygebied speelt de aanvaller de bal af naar een teamgenoot, die de bal weer terugspeelt in de loop van de aanvaller. De aanvaller moet de bal meteen proberen te raken. Timing is van doorslaggevend belang, dus schiet niet overhaast. Mik wat rechts van de rechterdoelpaal, anders draait de bal in de handen van de keeper.

1 Op ongeveer 18 m van het doel speelt de aanvaller een eentweetje met zijn teamgenoot.

2 Hij schiet zuiver en raakt de bal iets rechts van het midden...

3 ... en de bal draait langs de keeper in het doel.

Inkoppen bij de 2e paal

De vleugelspeler heeft zijn man uitgespeeld en wil de bal voorgeven in het doelgebied. Je begint te rennen naar de tweede paal. De bal vliegt voorlangs het doel en je versnelt. Hoe speel je deze situatie uit?

Beslis vroeg

Wat zijn de beste scoringsmogelijkheden, is het bijvoorbeeld misschien beter de bal af te spelen naar een teamgenoot? Kijk goed hoeveel ruimte je hebt en hoe verdedigers en keeper staan opgesteld. Als je een kans krijgt, moet je beslissen of je gaat schieten en koppen op het doel. Als de bal boven dijbeenhoogte wordt aangespeeld, is een kopbal vaak beter en effectiever.

Trainer

- Schiet op het doel, zelfs als de keeper de bal raakt kan hij toch nog voor een teamgenoot vallen.
- Kijk goed naar de bal en beslis vroeg. Ga op de bal af en schiet zonder te twijfelen.

Check

- Lenigheid en flexibiliteit
- Goede timing
- Snel beslissen

Basis — Oefen op de mogelijkheden

Snel beslissen hoe de bal te spelen bij de tweede paal, is erg belangrijk. Hiernaast op de foto's heeft de aanvaller 3 mogelijkheden: de lage kopbal, de gewone kopbal en het schot.

Een bal boven dijbeenhoogte is beter te controleren met het hoofd dan met een hoge volley. Richt de bal laag in een van beide hoeken of vlak naast de keeper, dan zal de bal in de rebound misschien voor de voeten van een teamgenoot vallen.

DE LAGE KOPBAL
Bij een bal op dijbeenhoogte is een lage kopstoot het geschiktste en zuiverste.

DE KLASSIEKE KOPBAL
Een hoge bal vraagt om een klassieke kopbal. De speler torent boven de bal uit en kopt naar beneden.

HET SCHOT
Een bal op kniehoogte aangespeeld, moet op de slof worden genomen. Zorg dat je lichaam boven de bal is.

Praktijk

Schiet de bal net vanaf de rand van het 16m-gebied in de baan van een aanstormende vleugelspe-ler. Houd de bal goed in de gaten en ren naar de tweede paal. De vleugelspeler moet variëren met zijn passes en je zowel hoog als laag, hard en subtiel aanspe-len.

1 De aanvaller speelt de bal vanaf de rand van het 16m-gebied naar de vleugelspeler.

2 Voordat de bal wordt geretour-neerd, gaat de speler klaarstaan om op de bal te anticiperen.

3 Als de pass laag aankomt, schiet de aanvaller de bal met zijn wreef zuiver op het doel.

Gevorderden — De pass ontvangen

🎧 **REN NAAR DE TWEEDE PAAL ...**
De aanvaller vraagt om de bal en rent weg vanachter zijn verdediger.

🎧 **... EN SCOOR!**
Hij springt naar voren en kopt de bal op het doel.

Vleugelspeler · Verdediger · Verdediger · Aanvaller · Aanvaller

Speler met bal
Baan van de speler
Baan van de bal

Aangever

Oefen op een half speelveld met 5 aanvallers tegen 2 ver-dedigers en 1 keeper. Een van de aanvallers speelt de bal op de flank, naar de vleugelspeler; hij geeft de bal voor bij de tweede paal. Minimaal één aanvaller rent naar de tweede paal en probeert te scoren.

Deze oefening gaat als volgt: (1) Een aangever speelt de bal naar een van beide vleugelspelers. (2) De aan-gever, 2 aanvallers en de andere vleugelspeler rennen het 16m-gebied binnen. (3) De vleugelspeler loopt met de bal langs de vleugel en geeft de bal voor. (4) De bal komt bij de tweede paal en een van de aanvallers kopt de bal in.

De stiftbal

Een goed uitgevoerde stiftbal is heel mooi. Het ziet er bovendien heel gemakkelijk uit, maar vereist wel goede balans, balvaardigheid en beheersing. De voet moet de bal precies op het moment raken dat de bal de grond raakt. Dan zeilt de bal naar boven en voorwaarts.

In het 16m-gebied

Een stiftbal wordt vaak als pass gebruikt, vooral in het 16m-gebied, om de bal achter de verdedigers te krijgen. Een middenvelder stift de bal over de vleugelverdediger, zodat een medespeler op de vleugel vrij komt te staan of over een centrale verdediger voor de voeten van de midvoor.

Maar voor het doel is de stiftbal het gevaarlijkst. Als een keeper van zijn lijn afkomt, verkleint hij links en rechts het doel maar kan de aanvaller de bal wel over hem heen stiften.

Trainer

- Gebruik de stiftbal als pass als een verdediger de weg naar een medespeler blokkeert. Of als volley op de slof nemen.
- Een goede stiftbal heeft wat backspin, dus houd er rekening mee dat de bal iets terugkomt als je erop afrent.

Basis   De lage instap

Voor een goede stiftbal moet je recht voor de bal staan; stiften vanaf de zijkant is bijna onmogelijk.

Prik de voet waarmee je schiet naar onderen en probeer de onderkant van de bal te raken. Raak de bal onderaan de instap van de schoen, zodat je de bal kunt opwippen en nawijzen met de knie.

De stiftbal draait om precisie en niet om kracht. Plaats op 10 m, 15 m en 20 m afstand kegels en probeer de bal er steeds bovenop te stiften.

Gebruik het onderste gedeelte van de instap om met je voet onder de bal te komen en hem de lucht in te wippen.

1 Kom op de bal af met je hoofd wat naar beneden, en plaats je standbeen 20 cm aan de binnenkant van de bal.

2 Als je de bal hebt geraakt, wijs je hem met je knie na (dus eerder naar boven dan naar voren).

Praktijk

Oefen met een bewegende bal. Een speler passt de bal naar een teamgenoot op 10 m afstand en rent op hem af. De tweede speler stift de bal over zijn aanstormende teamgenoot en rent achter de bal aan. Hij speelt de bal terug naar de eerste speler, die de bal op zijn beurt over hem heen stift.

De eerste speler (rechts) passt de bal naar zijn teamgenoot en rent op hem af.

De tweede speler stift de bal over de eerste speler en rent erachteraan.

Gevorderden — Stiften en achter de bal aanrennen

In deze oefening leer je een stiftbal toe te passen in een wedstrijdsituatie. Een rij verdedigers staat met de rug naar de goal en tegenover evenveel aanvallers. Iedere verdediger begint aan de rand van het 16m-gebied en speelt de bal naar zijn aanvallende teamgenoot op 7 m afstand.

Iedere aanvaller moet de bal nu over de verdediger stiften, achter de bal aanrennen en op het doel schieten. De stift moet loepzuiver zijn, zodat je de bal zelf kunt bereiken en hij niet wegspringt naar de keeper. De bal draait door het effect, de aanvaller moet hem onder controle hebben voordat hij schiet.

1 De blauwe verdediger passt naar een aanvaller en rent eropaf.

2 De groene aanvaller stift de bal over de verdediger...

3 ... volgt de bal in het 16m-gebied ...

4 ... en schiet op het doel.

Check
- ○ Scherpte
- ○ Beheersing
- ○ Vermogen om de bal gecontroleerd te schieten

De lob

Voor een perfect uitgevoerde lob loopt het publiek altijd warm. Goede visie, scherp gehoor, balgevoel en zelfbeheersing zijn erg belangrijk.

Terwijl een stiftbal vanaf de grond wordt gespeeld, wordt bij een lob de bal pas door de voet geraakt na de stuit. Een lob over een verdediger komt ook wel voor, maar een lob over de keeper is gebruikelijker. Vooral als de keeper voor de lijn staat, kan een lob levensgevaarlijk zijn.

Een lichte aanraking met de voet

De speler moet zelfvertrouwen hebben en erin geloven dat hij de bal over de keeper heen stift, maar tussen de palen.

Trainer

- Houd je blik balgericht.
- Neem goede houding aan.
- Raak de bal met de instap van je schoen om de bal over de andere speler te liften.

Check

- Goede visie
- Oplettendheid
- Snel besluiten nemen
- Koel blijven onder druk
- Goed balgevoel

Basis   Langs de bal scheren

Een goede lob is moeilijk te leren en het vergt veel balgevoel en oefening. Als de bal juist wordt geraakt, moet hij over de keeper vliegen en daarna meteen dalen om tussen de palen te belanden.

Ga op de tenen van je standvoet staan op het moment dat je de bal raakt.

Vergeet niet de bal met je voet na te wijzen, om de lob precisie en snelheid mee te geven.

1 Houd je ogen gericht op de bal in de stuit en neem een goede houding aan.

2 Ga, als je de bal raakt, op de tenen van je standvoet staan.

3 Houd je armen enigszins gespreid voor een goede balans en raak de bal met de instap.

Praktijk

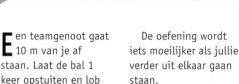

Een teamgenoot gaat 10 m van je af staan. Laat de bal 1 keer opstuiten en lob de bal over je medespeler. De andere speler controleert de bal en is nu aan de beurt.

Probeer te variëren met het nawijzen van de bal met je knie en met de schotkracht. Je zult zien dat de baan van de bal hierdoor verandert.

De oefening wordt iets moeilijker als jullie verder uit elkaar gaan staan.

Oefen de lob met beide voeten. Tijdens de wedstrijd moet je de kans grijpen als de mogelijkheid tot een lob zich voordoet, zelfs als de bal voor je verkeerde voet valt.

Probeer de bal net over het hoofd van je medespeler te spelen.

Wijs de bal op diverse wijzen na met je been. Baan bal verandert dan.

Gevorderden Spelen onder druk

Hier oefen je op het spelen van de bal met de juiste snelheid. 2 groepen van 2 spelers gaan hiervoor 10 m uit elkaar staan.

De eerste aangever (A) gooit de bal voor de voeten van de eerste aanvaller (B) en rent naar voren. B lobt de bal over A naar de volgende aangever (C). B blijft naar voren rennen, zodat hij achter C komt te staan. A rent intussen naar de andere kant en gaat achter de volgende aanvaller staan (D). Hij rent naar binnen om een bal van C op zijn voet te nemen.

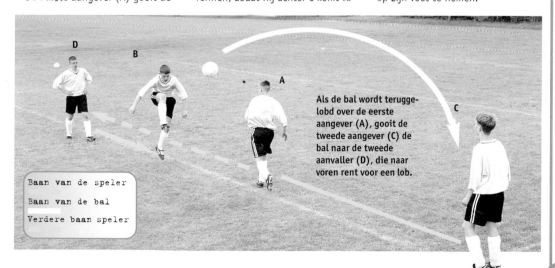

Als de bal wordt teruggelobd over de eerste aangever (A), gooit de tweede aangever (C) de bal naar de tweede aanvaller (D), die naar voren rent voor een lob.

Baan van de speler
Baan van de bal
Verdere baan speler

De omhaal

De omhaal is de spectaculairste techniek in het voetbal, maar erg moeilijk onder de knie te krijgen. Zonder lenigheid en lef hoef je er niet aan te beginnen. Ook een snelle reactie en goede traptechniek zijn noodzakelijk. Maar met genoeg oefening gaat het je misschien lukken.

Voordelen van de omhaal

Het mooie van de omhaal is dat een op het eerste gezicht onschadelijke hoge bal opeens wordt omgezet in een levensgevaarlijke doelkans. Als een breedtepass bijvoorbeeld abusievelijk achter je terechtkomt, is een omhaal de enige mogelijkheid om de bal te raken. De verdedigers en de keepers zullen nu hopelijk op het verkeerde been staan.

Trainer

- Vermijd gevaarlijk spel, probeer geen omhaal te maken als je niet echt genoeg ruimte om je heen hebt.
- Gebruik handen en bovenarmen voor zachte landing.
- Houd je ogen balgericht.
- Je zult niet vaak de kans krijgen voor de omhaal, maar zorg dat je er klaar voor bent als de mogelijkheid zich voordoet.

Basis   Veiligheid voorop

De omhaal kan het beste in etappes worden geleerd. Als je de landingstechniek eenmaal onder de knie hebt, zul je ook zekerder zijn bij de afsprong. Oefen de beweging op de grond zonder bal, zodat je kunt landen zonder je hoofd, nek of rug te bezeren.

Check
- Zelfvertrouwen
- Wendbaarheid
- Springcapaciteit
- Goede traptechniek

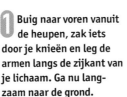

1 Buig naar voren vanuit de heupen, zak iets door je knieën en leg de armen langs de zijkant van je lichaam. Ga nu langzaam naar de grond.

2 Als je eenmaal begint te rollen, is het de bedoeling dat je handpalmen en daarna je bovenarmen eerder de grond raken dan je rug.

3 Blijf een achterwaartse beweging maken, rol op je rug en breng je been omhoog als je wilt trappen.

Praktijk

1 Een teamgenoot gooit je de bal toe. Spring vanaf de voet waarmee je gaat trappen en zwaai het andere been omhoog, zodat je zo hoog mogelijk komt.

3 Blijf de achterwaartse beweging maken, totdat je geheel op je rug gedraaid bent. Zwaai je been omhoog als je gaat trappen.

0 efen nu de omhaal met bal. De aanvaller staat met zijn rug naar het doel toe en een teamgenoot gooit hem de bal toe. Gebruik een gymnastiekmat, een oud matras of een stapel kussens om je val te breken. Houd dit vol tot je zeker genoeg bent.

2 Strek het been waarmee je trapt uit en raak de bal in het midden met de instap. Je bovenlichaam moet op dit moment horizontaal zijn en je ogen zijn gericht op de bal.

Voor een zuiver schot moeten timing en coördinatie foutloos zijn.

Gevorderden Naar het doel

A ls je de basistechniek van de omhaal onder de knie hebt, is het tijd om op het speelveld voor het doel te oefenen.

Ga op de penaltystip staan, met je rug naar het doel. Laat je medespelers je de bal toegooien als rechts op het plaatje.

De omhaal is een aanvalswapen, maar ook in de verdediging kan deze techniek van nut zijn. Je staat dan vanzelfsprekend wel met het gezicht naar je eigen doel gericht.

De aangevers gooien de bal toe, om de volgende situaties te oefenen.
(1) Een hoge pass vanaf de zijkant.
(2) Slecht uitverdedigen door een verdediger.
(3) Een korte, hoge pass van een middenvelder.

Koppen in de aanval

Als je goede spelers ziet koppen, lijkt het zo een-voudig, maar niets is minder waar. Goed kopwerk vereist perfecte timing. Je moet je run naar de bal zo maken dat je precies goed uitkomt en de bal met de juiste kracht kunt koppen en de goede richting meegeven om de keeper te verschalken.

Voor de volle 100 procent

Koppen op het doel heeft vaak als vervelende bijkomstigheid dat er een vuist van de keeper of een voet van een tegenstan-der vlak bij je hoofd zit. Er is dus moed voor nodig. Als je er niet voor de volle 100 procent voor gaat, zul je weinig indruk maken.

Als je de techniek echter goed beheerst, zul je veel gevaar stichten in het doelgebied, vooral bij een corner of pass vanaf de vleugel.

Trainer

- Time je run naar de bal goed, maak je los van de verdediger en ga de bal met agressie te lijf.
- Richt je ogen op de bal en je hoofd neerwaarts.

Check

- Snelle acceleratie
- Springvermogen
- Goede koptechniek
- Timing
- Durf

Basis   Oefen op je timing

Aanvallend koppen valt of staat met goede timing, maar zorg eerst voor een goede techniek. Volg onderstaande 3 sim-pele stappen op en oefen ze door de bal te koppen naar een medespeler of tegen een muurtje.

Als je de sprong goed kunt timen en de bal stevig raakt, zal je zelfvertrouwen groeien.

1 Als de bal je wordt toegegooid (of je de bal zelf opgooit) zak dan iets door de knieën en plaats je schouders op één lijn met de balrichting.

2 Zet je met een voet af, en time je sprong zo dat je de bal stevig en goed in het midden raakt.

3 Buig je voorhoofd naar de bal en kop zo hard als je kunt naar beneden op het doel. Richt op een van de hoeken.

Praktijk

Koppen in de aanval heeft natuurlijk scoren als doel. Een teamgenoot fungeert als keeper en gooit je de bal toe. Wissel na 5 keer van plaats. Werk aan je positiespel en laat nu een andere speler de bal aangeven. De bal moet steeds vanaf een andere positie worden gegooid.

Na 5 keer wisselt iedereen van positie.

1 Ga de bal met agressie te lijf. Time je sprong zo dat je de bal met volle kracht kunt raken.

2 Kop de bal met alle kracht vooruit en laag, buiten het bereik van de keeper.

3 Met een goede timing zal het voor de keeper erg moeilijk zijn de bal te pakken.

Gevorderden Wees als eerste bij de bal

Hier is het de bedoeling eerst de verdediger af te schudden, zodat je vrij kunt koppen. Laat een teamgenoot in de verdediging staan en een andere passes geven vanaf de vleugel. Oefen om vanachter de verdediger weg, hoge ballen van de flank in te koppen of om langs hem heen naar voren te duiken op een lage bal.

Duik voor de verdediger om de bal in het doel te koppen.

1 (1) Als een lage breedtepass op je afkomt, duik er dan met je hoofd op af.
(2) Draai je lichaam in de richting van het doel en raak de bal stevig met je voorhoofd. Houd je ogen gericht op de bal en probeer de richting te bepalen. Houd de bal laag.

Doorkopbal

En doorkopbal is een verrassend aanvalswapen. Meestal wordt de bal over een verdediger heen gekopt, zodat een aanvaller op de bal kan afrennen en in vrije positie de bal kan aannemen. Veel teams hebben een doorkopspecialist die anticipeert op een lange ingooi of bij de eerste paal staat bij een corner. De bal wordt in de richting van de bal doorgekopt of naar links of rechts.

Goede timing

De doorkopbal is het effectiefst als 2 spelers goed op elkaar zijn ingespeeld. Beide spelers moeten van elkaar weten wat ze van plan zijn, vooral de aanvaller die de doorkopbal moet ontvangen.

Trainer

- Zorg dat je tussen de bal en verdediger staat.
- Spring tijdig en zo hoog mogelijk.
- Kop met visie, zodat een teamgenoot alvast in de vrije ruimte kan rennen.

Basis — Houd de bal in de lucht

Laat een teamgenoot de bal naar je opgooien. Spring zo hoog mogelijk en kop de bal door als hij je voorhoofd raakt.

De bal moet worden doorgekopt in dezelfde richting als waarheen hij ging. En met zoveel kracht dat hij over de verdedigers heen vliegt.

Check
- ○ Scherpte
- ○ Vastberadenheid
- ○ Goede timing
- ○ Sprongkracht
- ○ Positiespel

1 Houd je ogen gericht op de bal en spring op het juiste moment.

2 Spring vroegtijdig en hoog, raak de bal met je voorhoofd als je op het hoogste punt bent.

3 Laat de bal zo van je voorhoofd stuiten, dat hij in dezelfde richting doorvliegt.

Praktijk

Voor deze oefening heb je 4 spelers nodig, een aangever, een aanvaller voor het doorkoppen, een verdediger en een ontvanger die achter de doorkopbal aanrent.

De aangever gooit de bal in het spel. Als de bal bij de groene aanvaller komt, maakt hij zich los van de blauwe verdediger. De aanvaller springt omhoog en kopt

de bal langs de verdediger. De groene ontvanger rent op het goede moment, zodat hij de doorgekopte bal kan aannemen.

Gevorderden De vlucht van de bal veranderen

De aanvaller verandert de bal van richting door zijn bovenlichaam te bewegen en zijn hoofd in een rechte hoek te houden.

De aangever links gooit de bal naar de aanvaller in het midden.

De aangever rechts vangt de bal en gooit hem terug.

Je zult de bal vaak met je hoofd van richting moeten veranderen om de vrije ruimte te zoeken.

Maar ook hier geldt: ga op de bal af, sta voor de verdediger, spring tijdig naar de bal en kop hem door

met je voorhoofd. Het enige verschil is dat je de bal niet gewoon laat afketsen van je voorhoofd, maar dat je ook je bovenlichaam gebruikt om de baan van de bal te corrigeren.

Oefen dit eerst met beide benen op de grond, probeer dan pas op te springen en tegelijkertijd te koppen, zowel naar links als rechts. Na 5 koppogingen worden de posities gewisseld.

Zweefduik koppen

Koppen is altijd een 'aanval' op de bal en de kopballen in dit hoofdstuk helemaal. Het hele lichaam zet zich in om voor de verdediger bij de bal te komen. En waarom? Een zweefduik kan gemakkelijk resulteren in een doelpunt.

Gebruik je volle gewicht

Omdat het hele lichaam achter de bal wordt gezet, zijn dit soort kopballen zo krachtig. Bijna onhoudbaar voor de keeper, vooral als de bal laag wordt gehouden. Houd wel de veiligheidsvoorschriften in de gaten, zodat je weer verder kunt spelen als je gescoord hebt!

Trainer

- Lanceer jezelf bij een zweefduik. De kopbal wordt dan veel krachtiger.
- Houd armen naar voren gestrekt om val te breken.

Check

- ○ Goede timing
- ○ Zelfvertrouwen
- ○ Moed
- ○ Koptechniek
- ○ Valtechniek

Basis Duiken naar succes

Koppen met een zweefduik is moeilijk, maar met de juiste techniek, timing en veel oefening kun je het leren zonder je te bezeren.

Begin langzaam. Een teamgenoot gooit je de bal toe en jij duikt met je armen naar voren naar de bal. Breek je val met je armen. Houd je ogen steeds gericht op de bal en zet je volle gewicht erachter.

1 Probeer je zweefduik goed te timen, houd je ogen gericht op de bal en zet je met een voet af.

2 Wijs met je armen naar voren. Raak de bovenste helft van de bal met je voorhoofd en probeer laag te mikken. Breek je val met je armen.

3 Land met je handen voor je borstkas. Vermijd blessures door je lichaam slap te maken voor je de grond raakt. Rol je om als dat kan.

Praktijk

Zijn teamgenoot (buiten beeld) heeft vanaf rechts net de bal ingegooid.

De groene speler duikt naar de bal en kopt op het doel.

Deze kop- en werpoefening vindt plaats op een speelveld van 20 x 30 m met 2 doelen. Er wordt gespeeld met 2 teams van elk 4 spelers. Beide teams hebben 3 buitenspelers en 1 keeper.

De keeper gooit de bal vanaf de doellijn naar een teamgenoot. Hij kopt de bal door naar een medespeler, die de bal opvangt en naar de derde speler gooit. Het team werkt zich langzaam naar voren tot de bal een keer de grond raakt, wordt onderschept of een speler de bal in het doel kan koppen. Een doelpunt uit een zweefduik is 3 punten en vanuit staande positie 1 punt.

Gevorderden **Gooien en duiken**

In deze oefening spelen 2 teams van 2 spelers tegen elkaar. Het speelveld meet 10 x 10 m en heeft 2 doelen. Je medespeler gooit je de bal toe en jij kopt de bal al rennend naar het andere doel. Als een speler van het andere team de bal bemachtigt, gooit hij de bal naar een teamgenoot, die de bal terugkopt richting jullie doel. Als jij de bal bemachtigt, ga je net zo te werk.

Het idee is om de bal steeds in beweging te houden. Een pittige klus, maar een goede test voor je uithoudingsvermogen. Een doelpunt vanuit zweefduik telt voor 3 punten en vanuit staande positie voor 1 punt. Vergeet niet bij een zweefduik je val met je armen te breken.

De groene speler links heeft zijn teamgenoot de bal toegegooid, hij duikt naar de bal en kopt.

Een blauwe speler pakt de bal en gooit hem naar zijn teamgenoot, die de bal naar het groene doel kopt.

De hoek verkleinen

D e term 'de hoek verkleinen' betekent dat de ruimte waarop de aanvaller kan richten, wordt verkleind. Voor een keeper is dit erg belangrijk.

Op je hoede

Een keeper moet altijd goed weten hoe hij staat ten opzichte van zijn eigen doel en waar de bal is. Goede keepers bewegen dan ook voortdurend voor het doel, om de beste positie voor een mogelijke redding in te nemen. Zo verkleint hij de scoringskans voor de aanvaller.

Een zweefduik door een keeper ziet er spectaculair uit, maar eigenlijk moet hij proberen om dit te vermijden door gewoon goed opgesteld te staan.

Trainer

- Ga tussen de bal en het midden van het doel staan.
- Ga iets van de doellijn afstaan, verklein de hoek voor de aanvaller.
- Maak jezelf zo groot mogelijk door rechtop te gaan staan met je armen gespreid.

Basis   Vind je draai

Topkeepers concentreren zich steeds op hun positiespel en proberen op alle manieren de hoek te verkleinen waarop geschoten kan worden, zoals in deze simpele oefening.

Stap zijwaarts in een halve cirkel van links naar rechts door het doel. Sta op je tenen en blijf steeds in contact met de grond, zodat je op ieder moment kan afzetten voor een sprong of duik. Blijf oefenen tot weet waar je staat ten opzichte van het doel zonder dat je achterom hoeft te kijken.

Houd vooral goed in de gaten waar het midden van het doel zich bevindt. Blijf altijd in één lijn staan tussen het midden van het doel en de aanvaller.

1 Stap zijwaarts in halve cirkel van links naar rechts door het doel.

2 Ga van buitenkant doelpaal naar buitenkant doelpaal en terug.

Praktijk

De keeper moet zich concentreren op zijn voetenwerk en balans, terwijl hij in een directe lijn tussen de bal en het midden van het doel

blijft. Hij moet ervoor zorgen dat de aanvaller zo slecht mogelijk zicht heeft op het doel.

Bij deze oefening rennen 2 aanvallers om beurten met de bal naar het 16m-gebied en schieten.

Als een speler het doel nadert, komt de keeper van zijn lijn af en maakt zich zo groot mogelijk, zodat hij de hoek verkleint. De aanvaller schiet vanaf ongeveer 11 m afstand op het doel en de keeper probeert de bal te stoppen.

Gevorderden

Van de lijn afkomen

Als een aanvaller een schietkans krijgt, moet de keeper altijd van zijn lijn afwijken. Dit verkleint het deel van de goal waarop de aanvaller kan richten.

Vooral als de aanvaller alleen op de keeper afstormt, is het heel belangrijk om van de lijn af te komen. De hoeken worden zo niet alleen verkleind, ook wordt de aanvaller onder druk gezet om snel te schieten.

Als een aanvaller te lang treuzelt, kan de keeper dicht genoeg naderen om hem het scoren te beletten of hem zelfs de bal te ontfutselen.

Als een keeper op de doellijn blijft staan, kan de aanvaller zowel op de blauwe als lichtgroene zones richten.

Als de keeper van de doellijn afkomt, moet de aanvaller richten op de groene zone.

Check
- ○ Snel voetenwerk
- ○ Goede balans
- ○ Goede inschatting
- ○ Goed positiespel

Als je van de doellijn afkomt, blijf dan tot het laatste moment rechtop staan. Probeer zoveel druk uit te oefenen dat de aanvaller de eerste stap moet maken.

Basistechniek vangen

Keepers moeten de bal altijd proberen te vangen, zowel bij schoten op het doel, breedtepasses als kopballen. En dan moeten ze de bal ook nog klemvast hebben! Een aanvaller zal er namelijk als de kippen bij zijn om een afketsende bal alsnog te verzilveren.

Een bal in een keer vasthouden is vooral een kwestie van techniek. Vang de bal altijd voor je lichaam, zodat je hem tegen de borst kunt drukken. Ga alvast klaarstaan: houd je hoofd stil, je knieën lichtjes gebogen, je armen gespreid op heuphoogte en je voeten op schouderbreedte uit elkaar. Plaats je gewicht op de ballen van de voeten. Zo ben je goed voorbereid op wat er komen gaat.

Trainer
- Spreid je vingers
- Volg de bal tot op je lichaam

Check
- Goede lichaamspositie
- Houding van de handen
- Concentratie
- Correcte balans

Basis   Sta klaar en ga ervoor

Ga klaarstaan om de bal te vangen als hieronder. Vorm je handen tot een 'W' bij hoge ballen, de vingers gespreid met de duimen tegen elkaar.

Armen iets
uit elkaar

Knieën
gebogen

Voeten op
schouder-
breedte uit
elkaar

Gewicht op
de ballen van
je voeten

1 Spring op vanuit je knieën.

2 Druk de bal tegen je lichaam.

Praktijk

1 Ga in positie staan en trek je been in, als je naar de zijkant duikt.

Markeer een doel met kegels. Eén speler schiet op het doel en de andere probeert de bal te redden. Schiet zowel hoog als laag en ver in de hoek, zodat de keeper echt moet duiken. Hij mag voor het volgende schot steeds eerst zijn positie innemen.

Als je laag naar links duikt, probeer dan met je linkerhand de bovenkant van de bal te pakken en met je rechterhand de zijkant. Dan stuitert de bal niet uit je handen. Als je naar links duikt is dit precies andersom.

2 Zorg dat je lichaam achter de bal komt.

Gevorderden Ga naar de grond voor lage schoten

Strek een been zijwaarts, vorm de handen tot een omgekeerde 'W' en druk de bal tegen je borst.

1 Ga vanuit positie naar voren, met je handen in een omgekeerde 'W'-vorm.

2 Druk de bal tegen je borst om hem af te stoppen, zodat de bal niet van het lichaam springt.

Om lage ballen die op hoge snelheid op je afkomen te vangen, moet je je handen vouwen tot een omgekeerde 'W'. Spreid je vingers, de pinken tegen elkaar. Val recht naar voren en klem de bal tegen je borst. Als er tijd is, kun je geknield (rechts) de bal opvangen. Je lichaam is breder en je houding stabieler. Kniel zo om lage ballen te vangen.

Hoge ballen

Hoge ballen voor het doel uit de lucht plukken, voordat een aanvaller er met zijn hoofd bij kan komen, is voor een keeper moeilijk te leren en vereist veel durf, kracht en goede techniek. Keepers die veel van hun lijn durven af te komen om een aanvaller het leven zuur te maken, worden door hun teamgenoten gerespecteerd omdat ze de druk van de verdediging halen.

Koning in het 16m-gebied

Als een bal vanaf de zijkant hoog in het 16m-gebied wordt gespeeld, moet de keeper de baan van de bal goed proberen te schatten en snel besluiten of hij naar de bal toe zal springen. Bij twijfel moet hij op de doellijn blijven staan. Als hij namelijk zijn doel uitkomt en de bal mist, dan is hij volledig uit positie geraakt. Ga anders gedecideerd op de bal af, spring zo krachtig mogelijk en vang de bal in de lucht. Zelfvertrouwen is erg belangrijk.

Trainer

● Als je opspringt om een bal links te pakken, zet je dan af met je linkerbeen en vice versa.

● Trek een knie op tot voor je lichaam, om jezelf te beschermen tegen aanstormende aanvallers.

Basis — Probeer de bal te vangen

Bij deze oefening oefent de keeper op het klemvast vangen van de bal. Een teamgenoot gooit de bal op vanaf 10 m afstand, de keeper rent eropaf en plukt de bal uit de lucht. Leer de juiste lichaamshouding aan te nemen. Als je naar de bal springt, zet je dan altijd met een voet af en trek ter bescherming de knie van je andere been omhoog. Reik met beide handen naar de bal en probeer de bal zo hoog mogelijk in de vlucht te vangen.

❶ Als de keeper op de bal afrent, houdt hij zijn ogen steeds gericht op de bal, zodat hij de baan goed kan volgen.

❷ De afsprong hangt af van de snelheid van de bal. Hij zet zich op een been af, trekt de knie van zijn andere been omhoog en reikt naar de bal.

❸ Hij grijpt de bal met beide handen, drukt de bal vervolgens aan zijn borst en houdt de bal tijdens de landing goed vast.

Praktijk

Op een speelveld van 20 x 20 m spelen 2 teams met elk 4 keepers een 'gooi en vang'-spelletje.

Het is de bedoeling de bal boven hoofdhoogte naar een teamgenoot te gooien, terwijl een tegenstander de bal probeert te onderscheppen. Hij moet zo hoog en agressief mogelijk springen, om de bal te kunnen grijpen.

Houd de score van iedere succesvolle vangst bij: 1 punt per 10 keer vangen.

Check
- ○ Snel beslissen
- ○ Moed
- ○ Baan van de bal schatten
- ○ Sterke afsprong
- ○ Goede balbehandeling

Een speler in het lichtblauwe shirt gooit de bal boven hoofdhoogte naar een teamgenoot.

Beide keepers springen naar de bal, maar de lichtblauwe is er als eerste bij.

Gevorderden   Snel beslissen

In deze oefening moet een keeper hoge ballen zien te vangen, die door een aangever in het 16m-gebied worden gegooid. Een vleugelspeler probeert ook bij de bal te komen. Als de keeper de bal niet kan vangen, moet hij hem wegstompen.

Stomp met een abrupte armbeweging met de bovenkant van een gesloten vuist de bal zo hard mogelijk weg.

① Ga met je gezicht in de baan van de bal staan, en schat zijn vlucht.

② Twijfel niet en stomp de bal liever weg dan hem te vangen.

③ Zorg dat je als eerste bij de bal bent, sluit je vuist en stomp de bal weg.

Hoge ballen pakken

H oge ballen zijn moeilijk te vangen, maar een fraaie redding is mooi om te zien. Met de juiste techniek en voorbereiding kan iedereen dit leren. Als je voor de doellijn staat en verrast wordt door een hoge bal, moet je naar achteren lopen, zorgen dat je je evenwicht bewaart en alsnog springen. Snel voetenwerk en snel beslissen dus!

Trainer

● Raak nooit in paniek. Loop terug naar de doellijn met overstapjes en blijf zo in balans.
● Besluit op tijd of je de bal vangt of wegstompt.

Laat je niet verrassen

De gouden regel is: houd je ogen gericht op de bal en blijf in balans. Ga je de bal vangen of ga je hem over de lat tikken? Je moet dit in een vroeg stadium besluiten, zodat je niet verrast wordt door de bal.

Een langzaam schot kun je voor je lichaam opvangen; tik hardere schoten liever over de lat. Als je gaat duiken, zet je dan eerst met 1 voet af om zoveel mogelijk zijwaartse kracht te verzamelen voor je sprong. Zo kom je hoger.

Basis   Vangen of overstompen

H et hangt af van de snelheid van de bal of je hem gaat vangen of overtikken. Stijgende en langzame ballen kun je goed vangen. Harde ballen, ballen met effect of dropshots kun je beter overtikken om te voorkomen dat je met bal en al in de netten verdwijnt! Speel op safe en tik de bal over de lat. Houd je arm recht bij het stoppen van de bal en gebruik de snelheid van de bal om hem over te tikken.

Check
● Kalmte
● Wendbaarheid
● Coördinatie
● Snel besluiten nemen
● Reactiesnelheid

🎧 VANGEN
Lage en langzame schoten kun je gewoon vangen. Vorm je handen tot een 'W', vang de bal voor je lichaam en druk hem tegen je lichaam.

🎧 OVERTIKKEN
Een hoog of hard schot, een bal met effect of dropshot kun je beter overtikken. Houd je arm en hand strak; door de snelheid van de bal zal hij overvliegen.

Praktijk

Oefen tegelijkertijd op het overstapje en het over de lat tikken van de bal. Start in het midden van het doelgebied en stap diagonaal terug naar beide hoeken van het doel. Herhaal dit tot je de afstand tot het doel kunt schatten zonder om te kijken.

Oefen dit eerst zonder en daarna met bal. Een teamgenoot schiet vanaf de rand van het 16m-gebied hoog in de hoeken van het doel. Zet je af met de voet die het dichtste bij de doellijn is. Als het goed is kun je met je achterste arm de bal over de lat tikken.

De keeper loopt met overstapjes terug naar het doel.

Als je je afzet met rechts, kun je de bal met links wegtikken.

Techniek   Het overstapje

Als je niet op de doellijn staat, loop dan gecon-centreerd met zijwaartse overstapjes terug naar het doel. Zo heb je de bal steeds in het oog.

1 De keeper ziet het gevaar en zet zich met zijn linkerbeen af naar de doellijn; hij houdt zijn ogen gericht op de bal.

2 Als hij zijn rechtervoet heeft neergezet, zet hij zijn linkervoet ervoor. Erachter zou hem doen struikelen.

3 Hij kijkt naar de bal, is in balans en klaar om zich af te zetten met zijn voorste been.

Flitsende reddingen

Het verschil tussen een gemiddelde keeper en een echt goede is vaak maar een fractie van een seconde.

Wees altijd op je hoede

Als de bal in de buurt is, moet je meteen in actie kunnen komen. Ga met je armen naar voren gericht tegenover de aanvaller staan, maar beweeg nog niet naar een hoek, voordat je weet in welke hoek de bal wordt geschoten.

Je kunt de bal natuurlijk met elk deel van je lichaam stoppen, maar probeer altijd een zo groot mogelijk gedeelte van je lichaam achter de bal te krijgen. Zorg ervoor dat je meteen opstaat, als de bal van je lichaam afketst. Alles draait om de reactiesnelheid!

Trainer

- Volg de wedstrijd goed en denk erom dat je op alles bent voorbereid.
- Wees alert en sta klaar om naar een hoek te duiken.
- Blijf staan tot je weet waar het schot heengaat.

Basis Omdraaien

Een keeper moet vaak in een fractie van een seconde beslissen.

Deze oefening met 2 spelers scherpt de reactiesnelheid van de keeper.

De keeper staat op de doellijn met zijn rug naar de aanvaller, die op 5 m afstand van hem staat. De aanvaller roept 'draaien' voor ieder schot, de keeper draait zich vliegensvlug om en probeert de bal te pakken.

1 De keeper staat met zijn rug naar het speelveld en wacht op het bevel 'draaien'. Dan draait hij zich om, reageert bliksemsnel en duikt naar de bal.

2 Zet tijdens het draaien 2 stappen naar voren, om het doel te verkleinen.

3 Maak jezelf breed en probeer te anticiperen op het schot, maar gok niet. Concentreer je op de bal. Gebruik je hele lichaam om de bal te keren. Alles is goed als de bal maar niet in het doel belandt.

Praktijk

In deze oefening staan 4 spelers in een halve cirkel op zo'n 5 m van het doel. De aangever in het doel rolt de bal steeds naar een van de aanvallers.

De keeper staat op zijn tenen, met zijn schouders naar voren, zijn knieën iets gebogen en zijn handen naar voren gericht. Hij staat klaar om een schot van een van de aanvallers te stoppen.

Check
- ○ Snel beslissen
- ○ Concentratie
- ○ Goed positiespel
- ○ Voetenwerk
- ○ Wendbaarheid en snelheid

Gevorderden   Stap zijwaarts

Een aangever staat aan de rand van het doelgebied (5 m verwijderd van de doelpaal). Hij speelt de bal naar een van de 3 aanvallers in het penaltygebied, die stuk voor stuk op zo'n 9 m van het doel staan. Ze staan 4 m uit elkaar. De keeper begint te bewegen vanaf de eerste paal, als de aangever de bal heeft aangespeeld en stapt zijwaarts om de bal te grijpen. Goed voetenwerk in essentieel; maak kleine en snelle stapjes om jezelf in positie te brengen. Ga klaarstaan voor de sprong.

1 De keeper staat bij de tweede paal.

2 De keeper anticipeert op het schot.

3 Als de aanvaller aanlegt, gaat de keeper klaarstaan.

Basistechniek duiken

I edere keeper moet goed kunnen duiken. Het doel is 7,30 m breed en 2,44 m hoog, dus je zult moeten 'vliegen' om alle hoeken te bereiken. Gewoon naar de bal springen is vaak niet voldoende. Met de juiste techniek wordt het duiken een succes. Anticipatie, timing, techniek, moed en beenkracht zijn de sleutel tot succes.

Veilig duiken

Duiken is niet gevaarlijk, maar een paar voorzorgsmaatregelen kunnen geen kwaad. Als je contact met de bal hebt gemaakt, ontspan je je lichaam voordat het de grond raakt. Probeer op de zachtere delen van je lichaam te landen, dus liever op je dijen of de zijkant van je lichaam en armen, dan op je knie of heup. Doe een degelijke warming-up voordat je gaat duiken of het doel verdedigt in een echte wedstrijd.

Trainer

- Als je duikt op een hoog schot of een bal in de uiterste hoek, probeer dan niet met gesloten vuist de bal uit het doel te tikken, hij kan vreemd wegspringen. Houd hand open en pols strak.
- Als je rechtshandig bent, oefen dan vaker op je zwakkere kant, je linkerkant dus.

Basis   Duiken en correct landen

E en teamgenoot schiet op een normaal doel vanaf 11 meter afstand en jij probeert de ballen steeds te vangen.

Vang de bal alleen als je er zeker van bent dat je de bal klemvast kunt krijgen, tik de bal anders over of naast het doel. Probeer de bal nooit terug te tikken in het spel.

Zorg dat je op de zijkant van je lichaam terechtkomt en niet op je ellebogen, maag of borst.

1 Als je gaat duiken, steek dan je arm al wat uit naar de hoek waarin je duikt. Je lichaam krijgt zo meer zijwaartse kracht. Houd je ogen gericht op de bal.

2 Zet je af met de voorste voet, steek je andere arm ook uit en strek je volledig uit. Als je de bal wilt grijpen, vorm dan je handen tot een 'W' (zie afbeelding).

3 Als je de bal hebt gepakt, probeer dan te landen op de zijkant van je lichaam. Duw de bal naar de grond met de bovenkant van de handen en druk de bal tegen je lichaam.

Praktijk

Bij harde schoten is het moeilijk de bal klemvast te krijgen. Daarom moet je na een redding zo snel mogelijk opstaan om te voorkomen dat de bal alsnog in het doel terechtkomt.

In deze oefening leer je niet alleen te duiken, maar ook om weer snel klaar te staan.

Check
- ○ Correcte sprong- en landingstechniek
- ○ Anticipatie
- ○ Moed
- ○ Concentratie

Markeer een driehoek met 4 m afstand tussen de punten.

Dit zijn de 3 doelen, op 2 m afstand staan 3 spelers opgesteld.

De keeper pareert het schot van een aanvaller, gaat aan de andere kant van de markering staan en pareert het volgende.

Zo gaat hij de driehoek rond tot hij 10 reddingen heeft gerealiseerd.

Gevorderden

Stort je voor de bal

Een laag schot net langs het lichaam van de keeper is bijna onhoudbaar. Vooral als een aanvaller een-op-een tegenover de keeper staat, zal hij proberen net langs de benen van de keeper te schieten.

Misschien kun je de bal blokkeren met je benen, maar dan zal de bal terugkaatsen in het veld, dus probeer je voor de bal te storten.

1 Ga met je benen iets gespreid staan en je armen wat van het lichaam af. Laat je vallen richting bal.

2 Stort je op de bal. Strek het been dat het dichtste bij de bal is, zodat je achter de bal kunt neervallen.

3 Duw de bal op de grond, met een hand erbovenop zodat hij niet wegstuit. Druk de bal tegen je lichaam.

Duiken naar de benen

Soms komt een aanvaller alleen voor de keeper. Hij lijkt te gaan scoren, maar de keeper duikt naar zijn benen en ontfutselt hem de bal. Met een goede timing, techniek en veel moed heeft de keeper een zeker doelpunt verhinderd.

De wedstrijd keren

Een goede redding kan de loop van een wedstrijd veranderen. De keeper heeft niet alleen de bal gestopt, maar zijn team ook een psychologisch zetje gegeven en het geloof in verdediging en doelverdediger gesterkt. Zo'n redding geeft de aanvallers een psychologische tik.

Trainer

- Wees er zeker van dat je de bal kunt bemachtigen als je naar de benen duikt, anders riskeer je een penalty.
- Raak niet in paniek. Sta stevig op de grond en kies het juiste moment. De aanvaller staat onder net zoveel druk als jij.

Basis   Oefen een-op-een met de aanvaller

Oefen deze techniek met een teamgenoot. Hij rent met de bal op het doel af en probeert te scoren, terwijl jij probeert hem de bal te ontfutselen.

Ga op de aanvaller af, niet zover uit het doel dat hij de bal over je heen kan stiften, maar wel ver genoeg om de hoek te verkleinen en hem aan het twijfelen te brengen. Kies het juiste moment, duik naar de bal en klap een been dubbel zodat je sneller bij de bal bent. Maak je breder door naar de zijkant te duiken, zodat je meer kans hebt de bal te keren met het lichaam.

1 Loop uit het doel om de hoek te verkleinen. Heb vertrouwen in jezelf en sta stevig op je benen.

2 Kies het juiste moment en klap een been dubbel, zodat je snel naar de grond gaat.

3 Houd je ogen gericht op de bal. Time je val, zodat je de bal te pakken krijgt.

4 Vouw je handen rond de bal en trek hem naar je toe. Je hebt de bal klemvast.

Praktijk

Veel keepers hebben een favoriete hoek om in te duiken. Bij deze oefening duik je naar beide kanten.

2 Aanvallers staan 1-2 m van de keeper verwijderd, in een hoek van 45 graden tot de keeper. Iedere speler heeft een bal aan de voet, zodat de keeper niet weet welke aanvaller op hem af zal stormen. Als een aanvaller op hem afkomt, moet de keeper wachten op het juiste moment, duiken en de bal voor zijn voeten wegplukken.

De eerste aanvaller rent met de bal naar het doel. Als hij even de controle verliest, duikt de keeper naar zijn voeten.

De keeper maakt een redding en staat meteen op om de volgende aanval te pareren. Houd de snelheid in de oefening.

Techniek

Als je duikt naar de bal op de grond, houd je handen dan in juiste positie. Spreid je handen zo breed mogelijk, houd een hand achter de bal om de snelheid te stoppen en de andere erbovenop, zodat de bal niet wegspringt.

Pak de bal voor je lichaam en druk hem tegen je borst, zodat de aanvaller er niet meer bij kan. Houd je ogen steeds gericht op de bal en twijfel niet.

Handen in goede positie

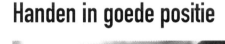

Check
- Moed en zelfvertrouwen
- Timing en inschatting
- Goede balans
- Niet twijfelen
- Wendbaarheid en snelheid
- Concentratie

**Links: zo houdt de keeper zijn handen goed.
Onder: hij duwt de bal tegen zijn borst.**

Deel 2

TACTIEK EN TEAMWORK

Leer de regels voor goed teamwork en verpletter
de tegenstander met jullie samenspel.

Ausputzer

Een ausputzer organiseert de verdediging. Hij is een verdediger die geen directe man hoeft te schaduwen, hij kan dekken waar dat nodig is, en eventueel de bal onderschep- pen. Hij kan een counter beginnen, een splijtende pass geven of zelf met de bal naar voren stormen. In het moderne voetbal is een ausputzer een vrije verdediger geworden tussen 3 centrale verdedigers.

Check
- De wedstrijd kunnen lezen
- Goede communicatie
- Gedecideerd tackelen
- Accurate passing
- Rennen met de bal

Basis   Sla alle aanvallers af

Een ausputzer staat meestal centraal, zodat hij het beste overzicht heeft over het verloop van de aanval.

Rechts, op het plaatje, staan 3 wedstrijdsituaties. De ausputzer (omcirkeld), moet beide hoeken van het doel dichten en de aanvallers hard attaqueren.

① Als een aanvaller een verdediger passeert, moet de ausputzer hem aanvallen en verhinderen te schieten.

De ausputzer kan een pass tussen aanvallers onderscheppen.

Verdediger

Aanvaller

De ausputzer is de laatste man voor de keeper.

De ausputzer checkt potentieel gevaar vanuit het centrum van de verdediging.

③ Als een verdediger zijn directe man kwijtraakt, kan de ausputzer inspringen.

Verdediger

Aanvaller

Aanvaller

② Als de ausputzer de bal heeft onderschept, kan hij een aanval opzetten.

Verdediger

▬ Baan van de bal
Baan van de speler

Praktijk

In deze oefening is de ausputzer verantwoordelijk voor de organisatie in de verdediging. 2 aanvallers in het blauw spelen tegen 2 verdedigers en een ausputzer in oranje shirt. De ausputzer schreeuwt dat de aanvaller met de bal moet worden aangepakt en geeft aan wie de andere aanvaller moet gaan dekken.

Als de aanvaller met de bal zijn man passeert, moet de ausputzer ingrijpen of een andere verdediger opdracht geven de bal te bemachtigen en hij dekt de vrije man.

De ausputzer schreeuwt naar de andere verdediger om de speler in het blauw aan te pakken.

De centrale verdediger

D e centrale verdediger speelt een belangrijke rol in het team. Hij moet helemaal fit zijn, tactisch slim, dominant in de lucht, snel kunnen tackelen en hij zal het doel te allen tijde verdedigen. Hij moet rustig blijven onder druk en zeker zijn in balbezit. Hij moet de bal op het juiste moment afspelen. Vaak is hij de captain van het team en leider op het speelveld.

Check
- Kracht in de lucht
- Zelfvertrouwen
- Goede tactische kennis
- Beslist en gedisciplineerd

Basis — Neem het initiatief bij voorzetten van de flank

E en goede centrale verdediger komt bij voorzetten vanaf de vleugel volledig tot zijn recht. Hij moet snel besluiten de bal weg te schieten, hem meteen onder controle brengen of de bal naar voren spelen voor een counter.

Als je twijfelt, maai de bal dan gewoon weg tot corner of ingooi, dit is altijd beter dan een bal in de voeten van de tegenstander te spelen.

Een pass vanaf de zijlijn van het 16m-gebied kan op 3 manieren worden verwerkt. (1) Onder druk is het misschien het beste de bal tot corner te verwerken. (2) Als je eerder bij de bal bent dan de aanvaller, schiet de bal dan over de zijlijn tot een ingooi. (3) Als je ruimte hebt, breng dan de bal onder controle en pass naar een teamgenoot. Als je onder druk staat moet je er wel voor zorgen dat de bal niet wegstuit.

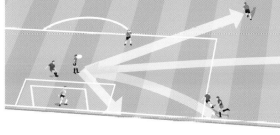

Praktijk

BALCONTROLE MET VOET
Als de bal laag en niet al te snel op je afkomt, breng hem dan met de zijkant van je voet of buitenkant van je dijbeen onder controle.

CONTROLE MET BORST
Als een bal op je bovenlichaam afkomt, ontspan dan je borstkas en laat de bal erop afketsen.

WEGKOPPEN
Een hoge bal kun je wegkoppen. Probeer niet de bal met je voet onder controle te krijgen, gewoon weg met die bal.

I n deze oefening leert de centrale verdediger omgaan met lange ballen vanaf het middenveld.

3 spelers staan op 30 m afstand van de verdediger en spelen hem de bal op verschillende snelheid en hoogten aan. Hij moet steeds beslissen wat hij met de bal gaat doen, of hij de bal onder controle brengt of wegschiet? Als je voor het eerste kiest, zorg er dan wel voor dat je de bal in een keer onder controle krijgt, anders is het veel te gevaarlijk.

De vleugelverdediger

Agressief in de tackle, snel voetenwerk en vliegensvlug draaien zijn
kenmerkend voor de vleugelspeler.
Ze zijn voor het team erg belangrijk.
Ze verdedigen het hele gebied rondom het
doel, behalve het centrum, want dat is het
terrein van de centrale verdedigers. De
vleugelverdediger heeft zijn handen vaak
vol aan de vleugelspits of aan vooruitge-
schoven en behendige middenvelders.

Check
- Sterke tackle
- Goed positiespel
- Snelheid en draaivermogen
- Geduld om op het juiste moment aan te vallen

Basis   Verdedigen en aanvallen

De eerste taak van een
vleugelverdediger is
simpelweg te verdedigen.
Hij moet de aanval aan
zijn kant van het veld
zien te stoppen.

   Maar als hij mogelijkheden tot een aanval ziet,
zal hij die kans grijpen.
Door met of zonder bal
langs de vleugel te ren-
nen kan hij het de verde-
diging van de tegenstan-
der knap lastig maken.

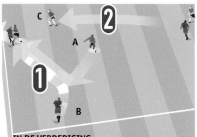

IN DE VERDEDIGING
(1) Vleugelverdediger (A) staat oog in oog
met aanvallende vleugelspits (B). Hij
dwingt hem naar buiten toe en tackelt hem.
(2) Vleugelspits (C) dekt rechtsback.

Speler met bal
Baan van speler
Baan van bal

IN DE AANVAL
(1) De vleugelverdediger (A) ziet kans om
de vrije ruimte langs de vleugel te benutten. (2) De middenvelder (B) speelt hem
de bal toe en de aanval is begonnen.

Praktijk

Deze oefening vindt plaats op een half speelveld met
een vleugelverdediger tegen een aanvaller. Als de
bal is afgespeeld naar de aanvaller op de vleugel, komt
de vleugelverdediger op hem af. De vleugelverdediger
moet de aanvaller naar binnen of naar buiten dwingen.
Hij moet de loop van de speler beoordelen en op het
juiste moment tackelen. Het kan geen kwaad als de
vleugelverdediger de speelstijl van zijn opponent kent.

1 De rode vleugelverdediger komt op de aan-
valler af en sluit de weg
binnendoor af.

2 De aanvaller moet nu
wel langs de zijlijn spe-
len.

3 De vleugelverdediger
weet dit, dus kan hij
de druk opvoeren.

4 Hij kan nu de bal met
een goed getimede
tackle veroveren.

Aanvallende vleugelverdediger

Check
- Discipline in de verdediging
- Aanvalslust
- Op tijd naar voren rennen
- Goede passing
- Helemaal fit

Deze term staat voor een midden-velder die meegaat in de aanval als vleugelspeler en als vleugel-verdediger in de verdediging. Vleugelverdedigers spelen op het mid-denveld en ondersteunen de aanval indien mogelijk, maar snellen bij balver-lies meteen naar de verdediging. Aanval-lende vleugelverdedigers moeten fit en erg snel zijn.

Basis Terugtrekken

In deze oefening leer je te versnellen met de bal, maar ook om terug te ren-nen bij balverlies.

3 spelers staan aan de achterlijn van een speelveld van 20 m en een vierde spe-ler op de tegenoverliggende achterlijn. Op de zijlijnen worden steeds 2 markerin-gen geplaatst, 5 m verwij-derd van de achterlijnen die de 2 lijnen verbeelden waar-over gepasst moet worden.

1 Speelster A rent met de bal aan de voet in de aan-val. Speelster B gaat er 15 m ach-teraan tot de bui-tenste markerin-gen.

2 Bij de markerin-gen speelt speelster A de bal af naar C, die met de bal terugrent naar de andere kant van het veld.

3 Speelster A tikt de 20m-lijn aan en rent achter speelster C aan, als-of zij net de bal heeft verspeeld.

4 C rent over het veld, passt naar D, tikt de lijn aan en gaat achter D aan. Herhaal deze oefening tot ieder-een 2 keer heeft gerend.

Praktijk

De aanvallende vleugelver-dediger leert hier zijn aanvalskwaliteiten te verbe-teren. Een middenvelder, aanvaller en aanvallende vleugelverdediger spelen tegen 1 keeper en 1 verdedi-ger. De aanvallende vleugel-verdediger begint met een pass naar zijn teamge-noot. Hij rent langs de vleugel, krijgt de bal terug en speelt de bal in de breedte. Wissel de positie.

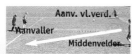

1 Aanvallende vleugelver-dedigster in oranje speelt bal naar oranje aan-valster, die wordt gedekt door blauwe verdedigster.

2 De aanvalster geeft de bal af aan de midden-velder als de aanvallende vleugelverdedigster langs de vleugel naar voren rent.

3 De middenvelder speelt de bal in de baan van de aanvallende vleugelverdedig-ster, terwijl de aanval-ster op het doel af rent.

4 De aanvallende vleugelverdedigster neemt de bal mee naar voren; de aanvalster en middenvelder volgen.

5 Aanvallende vleugel-verdedigster geeft bal meteen voor in het doel-gebied, zodat aanvalster op het doel kan schieten.

De motor op het middenveld

A ls onmisbare link tussen verdediging en aanval heeft deze speler 2 taken. Hij moet terugrennen om de verdediging bij te staan en bij bal-bezit in de aanval assisteren. Bij een voorzet in het doelgebied staat de speler zij aan zij met de aanvallers. De speler moet helemaal fit zijn om deze rol te vervullen.

Check
○ Conditie om van doel naar doel te rennen
○ Krachtige tackle
○ Wil om terug te stormen
○ Timing en scherpte
○ Goede baldistributie

Basis Bestrijk het hele veld

De motor op het middenveld 'leest' de wedstrijd en hoeft bij tackelen, passen en schieten niet onder te doen voor de andere spelers. Maar als je geen uithoudingsvermogen hebt, dan heb je aan al deze kwaliteiten ook niets.

Je moet iedere keer terug kunnen rennen om te helpen in de verdediging en meteen weer naar voren kunnen stormen.

1 Ren terug en verover de bal ...

2 ... speel af en blijf aanspeelbaar...

3 ... heb je de bal terug, spurt dan op doel af.

Terugrennen in de verdediging, de bal veroveren en dan met de bal weer de aanval zoeken. Dit alles moet de motor op het middenveld allemaal beheersen.

Baan van de bal
Speler met bal
Baan van speler

Praktijk

5 rode spelers staan tegenover 2 blauwe spelers op de eerste van twee velden van 20 x 30 m. De rode spelers beginnen met de oefening zodat de motor de bal naar het tweede veld kan spelen. Hij doet een een-tweetje met een van de andere rode spelers tot het einde van het speelveld en rent dan terug.

De motor op het middenveld loopt met de bal naar het tweede veld.

1 De rode spelers spelen de bal zo dat de motor met de bal uit het eerste veld kan rennen.

2 In het tweede gedeelte maakt hij een een-tweetje met een van de twee spelers aan het einde van het veld.

3 De motor rent terug naar de eerste helft, passt naar een teamgenoot en oefening begint opnieuw.

20 m

20 m

30 m

De spelmaker

De aanvaller maakt weliswaar de doelpunten, maar het is de spelmaker of spelverdeler die ze meestal voorbereidt. Hij is een inspiratiebron voor al zijn teamgenoten.

Hij moet allround zijn en het spel kunnen 'lezen'. Hij moet kalm blijven te midden van spelers op het middenveld en met liefde en gevoel passen tussen alle chaotische taferelen door.

Check
- Intelligentie, visie en fantasie
- Hoog allround niveau
- Prima overzicht en goede balafgave
- Zelfvertrouwen

Basis Creëer openingen

De spelmaker moet openingen zien en de techniek hebben om ze uit te buiten. Hij moet weten wat hij gaat doen nog voordat hij wordt aangespeeld. Door goed te kijken naar de andere spelers besluit hij hoe het spel verdergaat. Vooral het verrassingseffect kan een verdediging opensplijten. Het is aan de spelmaker dit voor te bereiden.

Baan van de bal
Baan van de speler
Speler met de bal

1 Als de verdediging zich terugtrekt om een voorzet op te vangen, kan de spelmaker met de bal naar voren rennen.

2 Als een aanvaller achter de verdediging rent, kan de spelmaker hem aanspelen.

3 Als aanvallende vleugelverdediger naar voren komt ter versterking, speelt spelmaker een lange pass aan.

1 Verdedigers houden er niet van als middenvelders vanuit de diepte aanstormen. Als speler verslagen wordt, ontstaat een gat in de verdediging.

2 Wijs je teamgenoten waar ze naartoe moeten rennen, opdat de splijtende dieptepass ook aankomt.

3 De spelmaker moet met beide voeten goed, lang en zuiver kunnen passen om het spel een andere wending te geven.

De vleugelspeler

E en vleugelspeler heeft een goede balcontrole, is razendsnel en heeft de beschikking over een grote trukendoos. Een lust voor het oog! Iedere voetbalfan staat op de banken als

een vleugelspeler zijn tegenstander achter zich laat en een perfecte pass geeft naar een van de aanvallers. Hij kan verdedigers uitspelen, de bal afgeven of de tegenstander passeren en op het doel afgaan.

Check
- Druk op tegenstander
- Goed loopvermogen
- Uithoudingsvermogen

Basis   Trek de verdediging uit elkaar

D e belangrijkste rol voor een vleugelspeler is het aanspelen van de aanvallers. Meestal gebeurt dit door met de bal langs de vleugel te rennen en de bal voor te geven in het 16m-gebied.

Een goede vleugelspeler kan echter ook voor zichzelf een doelkans creëren. Als hij binnendoor kan komen, heeft hij de kans zelf te scoren.

LANGS DE LIJN LOPEN
De mogelijkheden van de vleugelspeler zijn beperkt. Als hij naar binnen snijdt, stuit hij op de verdedigers. Buitenom en direct een pass geven, is een beter alternatief.

Vleugelspeler

NAAR BINNEN SNIJDEN
Hier kan de vleugelspeler beter naar binnen snijden. Zijn directe verdediger wordt afgeleid door de vleugelverdediger en de weg naar het 16m-gebied ligt open.

Vleugelspeler

Overlappende vleugelverdediger

Baan van de speler
Speler met de bal

Praktijk

E en oefening op een derde van het speelveld om de vleugelspeler te leren op snelheid balcontrole te houden. 2 tegenover elkaar staande metalen markeringen of kegels op 1 vleugel, doen dienst als verdedigers. De vleugelspeler speelt de bal tussen de markeringen door en geeft een pass richting doel, 2 aanvallers en 1 keeper wachten de bal op.

Zorg voor balcontrole als je tussen de markeringen doorspeelt.

Trek meteen naar buiten en spurt weg, klaar voor de breedtepass.

Kijk omhoog en concentreer je op een splijtende pass.

De goaltjesdief

Als de bal in het 16m-gebied komt, is de goaltjesdief klaarwakker. Hij scoort vanuit iedere onmogelijke hoek, ongeacht de snelheid, hoogte of hoek waarmee hij wordt aangespeeld.

Hij 'leest' de wedstrijd en staat steeds op het goede moment op de juiste plek om te koppen of te schieten. Deze eigenschap en een fabelachtig reactievermogen maken dat hij van bijna elke kans een succes maakt.

Check
- Goede afmaker
- Bliksemsnelle reactie
- Snelheid en kracht
- 'Lezen' van de wedstrijd

Basis   Wees als eerste bij de bal

De goaltjesdief moet vlug kunnen reageren en anticiperen in het 16m-gebied.

Dan kan hij anticiperen op een terugkaatsende bal of zich in een scoringspositie manoeuvreren. Door zijn snelheid steeds te veranderen, kan hij loskomen van zijn verdediger. Als hij een kans krijgt, zal hij deze snel en trefzeker afmaken.

Baan van speler
Baan van de bal

DE BREEDTEPASS
De goaltjesdief (A) komt voor zijn directe verdediger bij de inkomende bal.

DE DOORTIKBAL
De goaltjesdief verandert de bal van richting en schiet hem laag in de hoek.

DE REBOUND
Een geblokkeerd schot en de goaltjesdief reageert als snelste op de rebound.

Praktijk

Scoren onder druk, op volle snelheid en dan ook nog eens loepzuiver, dat zijn de kenmerken van de goaltjesdief.

In deze simpele oefening staan 2 aangevers ieder aan de buitenkant van een doelpaal. De goaltjesdief staat op de penaltystip met zijn rug naar het doel. Een aangever gooit hem de bal toe en schreeuwt 'go'. De goaltjesdief draait zich snel om en probeert met zijn voet of zijn hoofd te scoren.

1 Draai je om als er 'go' wordt geroepen en spot de bal.

2 Kijk naar de bal, besluit hoe hem te raken en kies de hoek.

3 Zorg ervoor dat je zo droog en gecontroleerd mogelijk de bal raakt.

Opstelling

V oor 1870, toen de regels werden gestandaardiseerd, speelden de meeste teams in een 2-8 opstelling. Passing bestond nog niet. Met de introductie van de pass begon het moderne voetbal en natuurlijk zijn er steeds meer opstellingen bijgekomen.

De beste opstelling

Een ideale opstelling bestaat niet. Het hangt altijd af van de individuele spelers van het team. Het hangt er natuurlijk ook vanaf of je tegen een aanvallend team speelt en zelfs van de weersomstandigheden, want bij zware regenval moet je korte passes inbouwen.

Trainer

- Overschat het belang van een opstelling niet. Een goede opstelling kan een team helpen, maar scherpte en techniek is wat telt.
- Communicatie met je team is belangrijk, ongeacht de opstelling. Houd altijd contact met je teamgenoten.
- Denk eraan dat de opstelling in de loop van een wedstrijd kan veranderen.

Basis 4-4-2

D e 4-4-2-opstelling komt in het moderne voetbal het meeste voor, hier is een goede balans tussen de verschillende posities gevonden. 4 verdedigers en 4 middenvelders zorgen voor een solide basis tegen een sterke tegenstander. Als het team over 2 sterke aanvallers beschikt die de verdediging van de tegenstander voorbijlopen en over aanvallende middenvelders, dan kan 4-4-2 voor de aanval ook geschikt zijn.

Gevorderden   **3-5-2**

Deze opstelling is meer aanvallender dan de 4-4-2 en is geschikt voor een ervaren team met goede onderlinge communicatie. De 3 verdedigers moeten op elkaar zijn ingespeeld. Ze moeten goed communiceren met het middenveld, middenvelders moeten namelijk vaak assisteren in de verdediging. Eén aanvaller zal zich waarschijnlijk ook altijd laten terugzakken als het team in de verdediging wordt gedrongen. Deze opstelling valt of staat bij een intelligente en vaardige centrale middenvelder die overzicht houdt en die de aanvallers scherp aanspeelt.

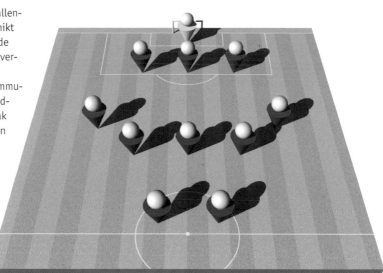

Gevorderden   **4-5-1**

Met een 4-5-1-opstelling zullen niet veel teams een wedstrijd beginnen. De trainer schakelt er meestal pas op over als hij aan het einde van de match wil de voorsprong wil verdedigen. Centrale middenvelders kunnen elkaar kort de bal toespelen en de alleenstaande spits proberen te bereiken, al is duidelijk dat hij bergen werk moet verzetten om te kunnen scoren. Aanvallende vleugelverdedigers kunnen de bal naar voren brengen vanuit de verdediging. Deze opstelling is geschikt met een ausputzer in het team, maar vooral bij een lijn met 4 verdedigers.

De buitenspelregel

De buitenspelregel kennen zowel verdedigers en aanvallers natuurlijk uit hun hoofd. Als een speler buitenspel staat, krijgt het andere team een indirecte vrije schop op de plek waar de overtreding is begaan.

Afgefloten worden

Om buitenspel te staan moeten er minder dan 2 spelers van het andere team tussen jou en de doellijn staan op het moment dat je de bal krijgt toegespeeld. Jij staat zelf ergens tussen de doellijn en de bal op de helft van de tegenstander. De enige uitzondering is als je teamgenoot je de bal toespeelt of -gooit vanuit een doelschop, corner of ingooi. Dan kun je nooit buitenspel staan.

Trainer

- De buitenspelregel voorkomt dat spelers voor het doel blijven hangen en hun kans op een doelpunt afwachten.
- Leer de regel goed uit je hoofd, zodat je in de wedstrijd niet voor nare verrassingen komt te staan.
- Als de keeper ver uit zijn doel is gekomen en er een veldspeler tussen jou en het doel staat, dan sta je ook buitenspel.

Basis   Buitenspel staan

Als een speler de bal naar voren passt, kijken de scheidsrechter en grensrechter meteen hoe zijn aanvallende teamgenoten staan opgesteld ten opzichte van de verdediging en de keeper.

De afbeelding hiernaast toont de positie van de aanvallende spelers terwijl de bal naar voren wordt gespeeld. Het is aan de scheidsrechter te beslissen of het buitenspel is of niet.

Baan van speler
Baan van de bal

Als speler A de bal passt, staat speler B buitenspel als alleen de keeper tussen hem en de doellijn staat op het moment dat de bal wordt gespeeld.

Speler C staat op gelijke hoogte met een van de blauwe verdedigers met alleen de keeper voor zich. Niet buitenspel.

Tussen speler D en de doellijn staan 2 blauwe spelers en de doelman. Hij staat niet buitenspel.

Hinderlijk buitenspel

Als je buitenspel staat, hoeft de scheidsrechter niet automatisch af te fluiten. Het hangt ervan af of je hinderlijk buitenspel staat.

Daarvoor beeldt hij zich een zone (hier oranje) in waarbinnen je hinderlijk buitenspel zou staan. Zo kan hij beter beoordelen of je moet worden afgefloten.

Als speler A de bal naar voren speelt, staan er 4 rode spelers buitenspel, waarvan 2 hinderlijk...

Speler B staat in de zone en heeft blauwe speler van A losgeweekt, dus hij staat hinderlijk buitenspel. Speler C ligt geblesseerd in de zone, dus die staat

niet hinderlijk buitenspel. Speler D rent in de zone naar de bal toe en staat hinderlijk buitenspel. Speler E staat te ver weg om invloed te hebben.

Samenvatting van de trainer

De buitenspelregel lijkt erg ingewikkeld, maar met de volgende regels kun je er je voordeel mee doen. Verdedigers kunnen zich de buitenspelval aanleren en aanvallers hoe deze te omzeilen.

De buitenspelval is als een verdediger, of vaker een hele lijn verdedigers, op commando naar voren stormt, zodat een aanvaller opeens buitenspel staat. Een goede aanvaller houdt hier uiteraard rekening mee.

1 Je positie wordt altijd gerekend vanaf het moment dat de bal wordt gespeeld.

2 Als er 1 of geen tegenstander tussen jou en de doellijn staat, dan sta je buitenspel. Dit geldt echter niet als er nog een tegenstander voor je staat en je met de tweede op dezelfde hoogte staat.

3 Je kunt alleen maar buitenspel staan als je voor de bal bent als hij wordt gespeeld.

4 Bij een corner, ingooi of uiltrap kun je niet buitenspel staan, tenzij een medespeler de bal eerst kort heeft aangeraakt.

5 Op je eigen helft kun je nooit buitenspel staan.

6 Als je buitenspel staat, krijgt de tegenstander een indirecte vrije schop mee.

De buitenspelval

En van de effectiefste manieren om een aanval te stoppen is door de buitenspelval open te klappen. Als een bal naar voren wordt gespeeld en een aanvaller staat tussen de laatste verdediger en de doellijn, dan is er sprake van buitenspel. Verdedigers rennen op commando naar voren om zo een aanvaller buitenspel te zetten. Er zijn aanvallers die er iedere keer opnieuw in trappen.

Gevaarlijk spel

De buitenspelval is wel riskant. Communicatie en anticiperen op het juiste moment zijn onmisbaar voor een succesvolle actie. Alle verdedigers moeten natuurlijk op tijd voor de aanvaller staan als de bal wordt gespeeld. Als een van de verdedigers te traag is, kunnen de gevolgen rampzalig zijn. Als een aanvaller zich op dezelfde hoogte bevindt, staat hij niet buitenspel en kan hij doorspelen.

Trainer

- Anticiperen is de sleutel tot succes. Als de bal naar de aanvaller wordt gespeeld, moeten alle verdedigers al voor hem staan.
- Vergeet nooit de verdedigende taak bij de buitenspelval. Als je de bal kunt bereiken, moet je gewoon gaan, dat is veel minder gevaarlijk dan de buitenspelval open te klappen.

Basis Let op de lijn

De buitenspelval valt met snelheid en moet verrassend zijn. Als een aanvaller op de bal staat te wachten, kijkt hij altijd naar zijn medespeler en niet naar de verdedigers.

De verdedigers moeten goed op één lijn blijven, dit steeds controleren en op het juiste moment naar voren stappen. Ze moeten als eenheid opereren en de lijn in stand houden.

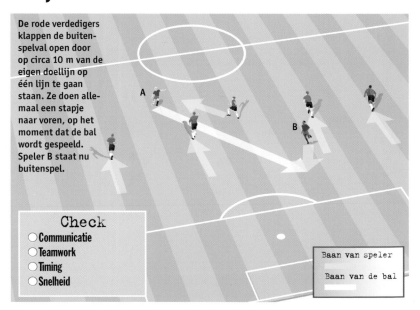

De rode verdedigers klappen de buitenspelval open door op circa 10 m van de eigen doellijn op één lijn te gaan staan. Ze doen allemaal een stapje naar voren, op het moment dat de bal wordt gespeeld. Speler B staat nu buitenspel.

Check
- Communicatie
- Teamwork
- Timing
- Snelheid

Baan van speler

Baan van de bal

Praktijk

Op een speelveld van 40 x 40 m staan 3 aanvallers tegenover 3 verdedigers en 1 keeper. 2 aangevers staan bij de 40m-lijn en spelen de bal naar de aanvallers.

De bal wordt met diverse snelheden en vanuit allerlei hoeken aangespeeld. De verdedigers moeten de buitenspelval openklappen. Vergeet het eigen doel niet.

1 De rode verdedigers staan op één lijn met de blauwe aanvallers die duidelijk niet buitenspel staan.

2 Net voordat de bal wordt gespeeld, stappen de verdedigers tegelijkertijd naar voren.

3 Op het moment dat de bal wordt gespeeld staan de achterste 2 aanvallers buitenspel.

Gevorderden De buitenspelval omzeilen

Om de buitenspelval te omzeilen, moeten de aanvallers snel zijn en over een scherpe blik en een goed gevoel voor timing beschikken. Bewegen is vitaal, aanvallers die stilstaan, worden gemakkelijk buitenspel gezet. Spelers rennen vaak diagonaal om de buitenspelval te omzeilen. Hieronder zijn de aanvallers goed op de hoogte waar de verdedigers staan. Ze spelen de bal snel heen en weer en omzeilen de buitenspelval.

In dit een-tweetje let speler A er goed op dat hij niet achter de laatste verdediger komt, voordat de bal naar hem wordt teruggespeeld.

Speler B maakt opeens een hoekige draai. Hij rent eerst parallel aan de verdedigers (1), wacht tot de bal wordt gespeeld en snijdt opeens naar binnen (2).

Speler met de bal

Baan van de speler

Baan van de bal

Verdedigen als collectief

De beste verdedigers praten voortdurend met elkaar. Ze weten precies waar teamgenoten en tegenstanders staan en waar de bal zich bevindt. Ze 'lezen' alle bewegingen en reageren er snel op. Maar ze zijn vooral goed georganiseerd en gedisciplineerd. Dit betekent dat een verdediger op het speelveld nooit een op een tegenover een aanvaller zal komen te staan. Hij heeft altijd steun.

Dekken

Als een 4-mansverdediging tegenover 2 aanvallers komt te staan, zullen 2 verdedigers de aanvallers voor hun rekening nemen, terwijl de andere 2 dekking geven. Als een aanvaller dan zijn man passeert, vangt de volgende verdediger hem op.

Trainer

● Ga altijd eerst op de man met de bal af. De dichtstbijzijnde verdediger kan zijn teamgenoot schaduwen.

● Dwing de bal naar achteren of zijwaarts, in ieder geval weg uit de gevarenzone en in de richting van de vleugels.

Basis ## Verdedigen in de diepte

Voor een succesvolle verdediging moeten de spelers elkaar dekken door een zigzagopstelling. Sommige spelers staan dus 'dieper' dan de anderen.

De diepere verdedigers kunnen de hoge ballen of steekballen opvangen en de verdedigers voor zich ondersteunen. Als een aanvaller de eerste tackle omzeilt, moet de verdediging ervoor zorgen dat de volgende verdediger hem opvangt. Als de aanvaller de bal breed speelt, moet er meteen een verdediger klaarstaan om de ontvanger te attaqueren.

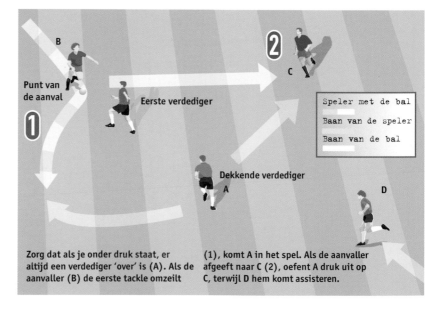

Zorg dat als je onder druk staat, er altijd een verdediger 'over' is (A). Als de aanvaller (B) de eerste tackle omzeilt

(1), komt A in het spel. Als de aanvaller afgeeft naar C (2), oefent A druk uit op C, terwijl D hem komt assisteren.

Praktijk

2 verdedigers spelen tegen 2 aanvallers op een speelveld van 10 x 20 m met aan beide kanten een klein doel. De verdedigers moeten de aanvallers zien te stoppen en zelf de counter kiezen. Ze moeten goed met elkaar communiceren en elkaar steeds dekken.

Check
○ Goede communicatie
○ Goede kennis van je positie
○ Concentratie

① Een verdediger oefent druk uit op de man met de bal, terwijl de andere verdediger hem assisteert.

② Als de tweede aanvaller erbij komt, wordt hij meteen gedekt door de tweede verdediger en volgt zijn medespeler de eerste aanvaller.

③ De verdediging heeft de situatie onder controle en de aanvaller wordt gedwongen tot een fout.

Gevorderden

De doorgang blokkeren

Deze oefening vindt plaats op een speelveld van 20 x 30 m met 4 tegen 4 spelers. Zo hebben de aanvallers meer mogelijkheden dan hierboven en moeten de verdedigers elkaar helpen en veel met elkaar communiceren om de aanval te kunnen pareren.

Een verdediger moet de aanvaller in balbezit onder druk zetten. Hij moet hem naar de vleugel dwingen, weg van het doel.

De rode spelers staan diagonaal op een lijn en dwingen de blauwe aanvaller naar buiten.

Een verdediger valt de aanvaller aan en een andere assisteert, zodat de aanvaller weinig bewegingsvrijheid heeft.

Man tegen man

Er zijn 2 basismethoden van verdedigen, het zonesysteem en de man-tegen-man-verdediging. Bij het zonesysteem vallen de verdedigers de aanvaller aan als hij hun zone betreedt. Bij man-tegen-manverdediging heeft iedere verdediger de verantwoordelijkheid voor een bepaalde aanvaller.

Individuele verantwoordelijkheid

Alle facetten van het dekken van de tegenstander komen aan bod: met je rug naar het doel blijven staan, in de buurt blijven van de speler die je schaduwt, proberen passes naar hem te onderscheppen, hem onder druk zetten bij balbezit en hem de bal ontfutselen als je daar mogelijkheden toe ziet.

Trainer

- Houd je rug naar het doel.
- Probeer te anticiperen op de volgende stap van je tegenstander.
- Een succesvolle interceptie kan leiden tot een counter.

Basis Blijf bij je tegenstander

De taak van iedere verdediger of middenvelder bij man-tegen-man-verdediging is simpel: blijf altijd bij hem in de buurt! Zorg dat je steeds tussen de bal en het doel staat en geef je tegenstander geen ruimte om te draaien en te schieten.

Als je tegenstander gaat rennen, moet je hem blijven dekken. Dit vereist maximale concentratie, een goede visie, snelheid en doelgerichtheid en natuurlijk een goede conditie en veel uithoudingsvermogen.

Sta op je tenen en wees klaar om iedere beweging van je tegenstander te volgen.

Witte pijl = richting van de bal
Gele pijl = richting van de speler

Blijf zo dichtbij staan dat hij zich niet kan omdraaien.

Anticipeer altijd op de volgende beweging van je tegenstander.

Houd je ogen gericht op de bal, maar volg je tegenstander.

Praktijk

3 blauwe spelers met ieder een bal aan de voet staan buiten een speelveld van 10 x 10 m. Een blauwe aanvaller en een oranje verdediger staan in het veld. De aanvaller schreeuwt om de bal en de verdediger probeert hem te beletten in de vrije hoek te scoren. Iedereen komt 5 keer aan de beurt.

De verdediger volgt hem op de hielen en belemmert de aanvaller te schieten.

De blauwe aanvaller vraagt aan een van de andere blauwe spelers om de bal. De oranje speler moet de vrije hoek verdedigen en de aanvaller beletten te scoren.

Check
- Snel kunnen draaien
- Effectief positie kiezen
- Concentratie
- Communicatie
- Snelheid
- Goed kunnen tackelen
- Helemaal fit

Basis Tactiek op het speelveld

Op een speelveld van 40 x 30 m met 2 kleine doelen spelen 2 teams van 5 spelers tegen elkaar zonder keepers. Iedere speler moet zijn eigen tegenstander dekken; ze mogen alleen elkaar tackelen. Wissel na 10 minuten van partij. Zo oefen je man-tegen-mandekking en verbetert het tactisch inzicht.

De verdediger blijft tussen het doel en de bal staan en bemoeilijkt zo het scoren.

De verdediger staat tussen het doel en de bal maar kan zijn directe tegenstander wel aanvallen.

De verdediger staat goed opgesteld, maar niet dichtbij genoeg.

De speler staat vrij voor een achterwaartse pass.

Collectief jagen

Goed teamwork heeft alles te maken met elkaar blindelings begrijpen, communicatie en hard werken. Deze factoren zijn bij collectief jagen alledrie even belangrijk. Druk vanuit de verdediging komt voor rekening van het middenveld. Zij maken het speelveld klein, zodat de tegenstander geen tijd en ruimte heeft voor de opbouw. Ze belagen bovendien de speler in balbezit om hem de bal te ontfutselen.

Verdedigen als eenheid

Een speler belaagt de tegenstander met de bal. Hij sluit hem in en probeert hem te tackelen. Een andere speler komt helpen, met de overige middenvelders. Zij sluiten zich rond de bal, terwijl de verdedigers hun man dekken en de aanvaller niet kan afspelen. Als de tegenstander de bal verliest is de counter mogelijk.

Trainer

● **Assisteer de tackelende speler, anders wordt hij gemakkelijk gepasseerd.**
● **Anticipeer en sta klaar om de bal te onderscheppen.**
● **Tackel op tijd.**

Praktijk

In deze oefening moeten 3 verdedigers als eenheid keihard werken om de bal op 6 aanvallers te veroveren. De 6 blauwe spelers spelen elkaar de bal toe op het linkergedeelte van het speelveld. 3 van de rode spelers moeten collectief gaan jagen om de bal te veroveren. Dan pas kunnen ze de bal afspelen naar de 3 rode spelers in het rechtergedeelte van het speelveld en de middenlijn oversteken. Ze worden nu automatisch het aanvallende team. 3 van de blauwe spelers steken over. Ze worden automatisch verdedigers en de oefening begint opnieuw.

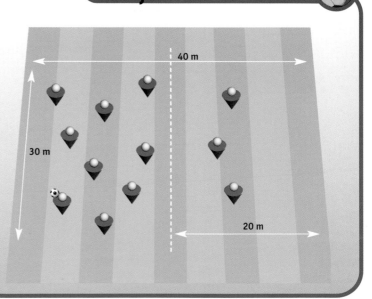

Basis   Jagen op de bal

Teams die collectief jagen op de bal moeten als eenheid opereren. Als spelers op de man in balbezit afkomen en proberen hem te tackelen, moeten teamgenoten de andere spelers schaduwen, zodat hij niet kan afspelen. In deze oefening spelen 6 blauwe aanvallers tegen 4 rode verdedigers op een speelveld van 40 x 40 m zonder doelen. De blauwe spelers proberen in balbezit te blijven en de rode spelers proberen collectief te jagen.

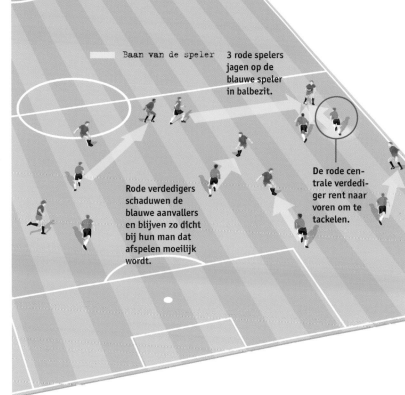

Baan van de speler

3 rode spelers jagen op de blauwe speler in balbezit.

De rode centrale verdediger rent naar voren om te tackelen.

Rode verdedigers schaduwen de blauwe aanvallers en blijven zo dicht bij hun man dat afspelen moeilijk wordt.

Check
- ○ Snelheid
- ○ Overzicht over team
- ○ Doelgericht
- ○ Beslisvaardig
- ○ Goede communicatie
- ○ Tackelen
- ○ Anticipatie
- ○ Reactiesnelheid
- ○ Helemaal fit

1 De rode centrale verdediger probeert de blauwe speler de bal te ontfutselen. Een andere rode speler assisteert, zodat de tegenstander niet kan afspelen of passen.

2 De speler in balbezit snijdt naar binnen, weg van de aanvaller, maar komt in moeilijkheden. De andere rode speler kan nu tackelen.

3 Hij verovert de bal, de centrale verdediger komt dichterbij om zijn teamgenoot te dekken en kan de bal eventueel oppikken.

Korte pass

Bewegen zonder bal, goede communicatie en een excellente balcontrole. Een goede korte pass kan door de ontvanger moeiteloos onder controle worden gebracht. Speel de bal dus altijd in de voeten, vlak over de grond en geef de bal de juiste snelheid mee.

Ruimte creëren

Korte passes zijn meer dan alleen maar spelen op balbezit. Korte passes kunnen voor medespelers veel ruimte creëren. Als 2 tot 3 spelers elkaar steeds kort de bal toespelen, kunnen verdedigers ongeduldig worden en blind gaan tackelen, waardoor ze gaten in de eigen verdediging trekken.

Trainer

- Wees snel, maar blijf nauwkeurig.
- Lichaamsbewegingen kunnen je bedoelingen verraden. Verhul waarheen en hoe je wilt passen.
- Pass niet bij dreigende problemen.

Basis   Een pass geven en bewegen

Passen en blijven bewegen maken van het team een eenheid. Deze oefening vindt plaats met 2 groepen van 2 spelers die 10 m van elkaar af staan. De eerste speler speelt de bal naar de speler tegenover hem en rent naar de overkant. Hij sluit hier aan in de rij. De ontvangende speler doet hetzelfde, maar dan in tegenovergestelde richting. Het spel stopt als iedereen 5 passes heeft gegeven. Gebruik de binnen- en buitenkant van beide voeten en concentreer je op de zuiverheid, de timing en de snelheid van iedere pass.

Controleer de bal met een voetbeweging en speel de bal naar de tegenovergestelde speler.

Houd het zuiver

Deze oefening leert je zuiver te passen. Zet 2 markeringen 1 m uit elkaar, tussen beide groepen spelers. Speel de bal tussen de markeringen door.

Praktijk

Deze oefening is bedoeld voor 4 spelers op een speelveld van 10 x 10 m en is speciaal gecreëerd om zowel met de binnen- als de buitenkant van beide voeten zuivere passes te leren geven. Wissel regelmatig van positie.

4 spelers staan ieder in het midden van de buitenlijnen van het speelveld. De eerste speler speelt naar de persoon tegenover hem. Hij rent op de bal af en speelt af naar rechts met de buitenkant van zijn voet. Wissel van positie. De speler die de bal krijgt aangespeeld, speelt nu naar de tegenoverliggende speler met de binnenkant van zijn linker- of rechtervoet. Hij speelt de bal naar links met buitenkant van linkervoet.

Speelster A speelt met de binnenkant van haar linker- of rechtervoet naar B, ze rent op de bal af.

Speelster B brengt de bal met één beweging onder controle en passt naar C met de buitenkant van haar rechtervoet.

Speelsters A en B rennen door naar de andere kant en zijn van positie gewisseld.

Speelster C speelt naar D met binnenkant voet. D rent naar voren en speelt de bal naar B met buitenkant van haar linkervoet.

Speelsters C en D kruisen elkaar. B speelt de bal naar A en begint opnieuw met de oefening. Herhaal dit 3 keer en wissel dan van positie.

Speel altijd met de zijkant van de voet om zuiver te passen.

Check
- Goede en directe balcontrole
- Techniek zijkant voet
- Voortdurend bewegen zonder de bal
- Goede communicatie

De bal in de voet spelen

D e effectiefste manier om balbezit te houden, is een medespeler de bal in de voeten te spelen. Als je de bal op een ander deel van het lichaam speelt, is het vaak moeilijker de bal onder controle te krijgen. Het duurt in ieder geval langer, waardoor de tegenstander meer kans heeft de bal te bemachtigen. Je teamgenoten moeten de bal gemakkelijk onder controle kunnen krijgen.

Denk met je voeten

Goede visie en denkwerk zijn van vitaal belang om de bal zuiver te kunnen spelen. Je moet de baan van je medespeler goed kunnen beoordelen om hem de bal in de voeten te spelen. Je moet de wedstrijd kunnen 'lezen'.

Trainer

- Probeer met de binnenkant van je voet(en) te spelen voor meer accuratesse.
- Een slechte pass leidt tot weer een slechte.
- Sta een beetje op je tenen als je de bal wilt aannemen. Dan kun je sneller reageren als de pass niet helemaal zuiver is.

Basis Sta klaar om de bal te ontvangen

Iedere speler wil de bal in de voeten krijgen aangespeeld, op de juiste snelheid en het liefst ook nog aan zijn sterkste kant. Dan is de pass gemakkelijk te controleren. De bal moet als het goed is in de voeten worden gespeeld, maar sta wel klaar om te rennen als de bal niet helemaal zuiver wordt aangespeeld.

Oefen op balcontrole voor het geval er een speler vlak achter je staat die druk op je uitoefent. Sta op je tenen, zodat je snel naar de bal kunt rennen.

1 Ga een beetje op je tenen staan voordat je de bal krijgt aangespeeld, zodat je snel kunt reageren.

2 Controleer en bescherm de bal door je lichaam tussen de bal en de tegenstander te houden.

3 Retourneer de pass zuiver en scherp in de voeten van je teamgenoot.

Praktijk

In deze oefening draait alles om passen en bewegen. 1 speler begint in een hoek van een speelveld van 40 x 40 m. De spelers gaan nu als volgt te werk:

(1) Speler A speelt de bal naar (B) en wijst zijn schot met zijn voet na. (2) B speelt de bal terug naar A. (3) A speelt de bal schuin terug, iets links van B. (4) B speelt de bal naar C. Het spel gaat zo langs alle hoeken van het speelveld.

Speel de bal scherp, zuiver en met de juiste snelheid in de voeten van je medespeler.

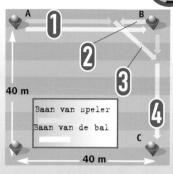

40 m

Baan van speler
Baan van de bal

40 m

Check
- Juiste snelheid passes
- Goede communicatie
- Directe balcontrole

Gevorderden — Passen met de juiste snelheid

Goed aanspelen kan een wedstrijd beslissen. De pass moet scherp en zuiver zijn en hij moet de juiste snelheid hebben. Oefen dit op een gewoon speelveld met een metalen markering (of kegel) geplaatst aan de rand van het doelgebied en eentje 18 m verder het veld in.

Voor iedere metalen speler staat een speler opgesteld. Een speler rent met de bal vanaf halverwege de middellijn, speelt de bal in de voeten van een van de andere spelers en krijgt de bal geretourneerd. Als hij de bal voor de tweede keer ontvangt, schiet hij op het doel.

1 Als je de eerste keer hebt overgespeeld, ga je af op de tweede speler en speel je hem de bal met de juiste snelheid in de voeten aan.

2 Laat weten aan welke kant je de bal wilt ontvangen. De bal moet precies in je loop...

3 ... terechtkomen, zodat je meteen op het doel kunt schieten.

Bal in vrije ruimte spelen

Om de bal snel richting het andere doel te krijgen, is het verstandig de bal in de vrije ruimte te spelen. Als je wat ruimte ziet voor je medespeler, maak je hier gebruik van. Speel de bal in de loop van de speler, zodat hij niet hoeft af te remmen. Hiervoor zijn slimme spelers nodig die de ruimte kunnen benutten en spelers die de bal goed kunnen afspelen. De pass moet zo uitkomen dat je medespeler de bal in de loop kan meenemen.

Wees je bewust van de mogelijkheden

Deze tactiek werkt vooral goed in de aanval. Je kunt de bal langs de vleugel spelen, zodat je medespeler erachteraan kan rennen of nog beter, achter de verdediging plaatsen, zodat een aanvaller meteen op het doel kan afstormen.

Trainer

- Om de bal op de juiste manier in de vrije ruimte te spelen, moeten passes de juiste snelheid hebben.
- Teamgenoten moeten snel kunnen zien waar de bal heengaat.

Check

- ○ Snel denkvermogen
- ○ Anticipatie
- ○ Visie
- ○ Zuiver aanspelen

Basis — De lange bal

Deze oefening vindt plaats op een speelveld van 60 x 60, die in 3 stroken van 20 m (rechts) is verdeeld. Ieder team heeft 4 spelers van wie 1 een van de strips aan het einde bewaakt. Als de bal bij een van de spelers aan het einde van het veld komt, moet hij de bal over de middenstip spelen in een van de hoeken van 10 x 20 m, de juiste snelheid en effect.

De vrijstaande speler moet de bal over de spelers in het midden liften in een van de hoeken van het veld.

1 De 3 middelste rode spelers spelen elkaar de bal toe tot ze kunnen afspelen naar de vrijstaande rode speler.

2 De vrijstaande rode speler speelt de bal in een van de verre hoeken van het veld.

3 De vrijstaande blauwe speler neemt de bal in ontvangst en speelt hem naar de 3 blauwe spelers in het centrum. Nu doen de blauwe spelers de oefening.

Praktijk

Deze oefening is hetzelfde als de vorige, alleen krijgt ieder team er een speler bij zodat er 8 spelers in het centrum staan. Als de bal naar de vrijstaande speler wordt gespeeld, heeft hij een vrije ruimte van 60 x 20 m tot zijn beschikking aan de andere kant van het speelveld, hij heeft 2 tegenspelers die hem bedreigen.

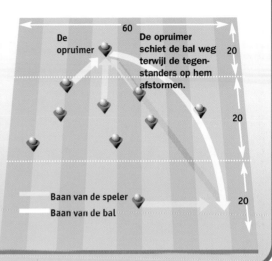

De opruimer

De opruimer schiet de bal weg terwijl de tegenstanders op hem afstormen.

60

20

20

20

Baan van de speler

Baan van de bal

De rode speler passt voordat de blauwe speler hem kan bedreigen.

Gevorderden   De splijtende pass

6 rode spelers staan tegenover 5 blauwe verdedigers en 1 keeper. De verdedigers doen een stap naar voren, om de aanvallers buitenspel te zetten. Een rode speler in balbezit moet de bal in de baan van zijn medespeler spelen, waardoor de verdedigers snel moeten draaien.

1 Blijf in balbezit tot een van je teamgenoten begint te rennen. Speel de bal in de open ruimte.

2 Time je pass zo dat je teamgenoot niet buitenspel staat en hij de bal in zijn loop kan meenemen.

3 Als de pass is gegeven, loop dan mee naar voren om je medespeler te ondersteunen. Die rent naar voren en probeert te scoren.

Een-tweetje

Alle topteams maken gebruik van een-tweetjes. Het mooie ervan is dat je een tegenstander kunt uitspelen, zonder dat je erlangs hoeft te dribbelen.

De verdediging foppen

Zelfs de best georganiseerde, gedisciplineerde verdediging kan door intelligente passing worden uitgespeeld. Goede communicatie is onmisbaar. Als je de mogelijkheid ziet tot een een-tweetje, maak dit dan kenbaar aan je medespeler, en roep: 'een-tweetje' of 'speel terug'! Wijs waar je de bal wilt krijgen aangespeeld.

Trainer

● In plaats van je tegenstander passeren, kun je ook afspelen en in vrije ruimte de bal aannemen.
● Communicatie met je teamgenoten is essentieel.
● De bal moet opnieuw worden aangespeeld.

Basis   Passen, bewegen en ontvangen

Speel de bal breed naar een teamgenoot en ren in de vrije ruimte om de bal weer te ontvangen (onder).

Je teamgenoot moet 7-8 m voor je staan in een hoek van 45 graden. Timing, richting en kracht waarmee de bal wordt geschoten, zijn essentieel voor goede balcontrole.

De eerste speler speelt de bal direct naar de tweede, hij neemt de bal meteen op zijn slof en speelt in de loop van de andere speler.

De eerste speelster speelt naar haar teamgenote en rent verder.

De tweede speelster speelt de bal naar haar terug.

Witte pijl = richting van de bal
Gele pijl = richting van de speelster

De verdedigster uitspelen

Om de oefening wat moeilijker te maken, is een verdedigster aan het spel toegevoegd (blauw, boven). De eerste oranje aanvalster moet de bal onder druk afspelen. Als de aanvalster te laat afspeelt, kan de verdedigster haar de bal ontfutselen. Maar als de aanvalster de bal te snel afspeelt, kan de verdedigster de returnpass onderscheppen.

Praktijk

Twee groepen bestaan beide uit oranje aanvalsters en blauwe verdedigsters, die 20 m van elkaar staan. (1) De eerste aanvalster rent met de bal naar het groepje boven in de foto. Op hetzelfde moment start een tweede aanvalster, samen met een verdedigster vanaf beneden. Na 10 m speelt de eerste aanvalster af naar de tweede. (2) De tweede aanvalster retourneert de pass naar de eerste aanvalster langs de verdedigster. De verdedigster oefent druk uit, waardoor de passes zuiver moeten worden gespeeld. (3) De eerste aanvalster speelt de bal naar de volgende onderop de foto, en alles begint weer van voren af aan.

Check
- Openingen zien
- Goed eerste balcontact
- Secure passing
- Zelfvertrouwen

Witte pijl = richting van de bal   Gele pijl = richting van de speler

Gevorderden   Een-tweetje naar het doel

Als je het een-tweetje hebt geperfectioneerd, wordt het tijd dat je deze techniek toepast op het speelveld. Hiervoor zijn 3 aanvalsters, 3 verdedigsters en 1 keepster nodig.

De centrale aanvalster start met de bal op 20 m van het doel. Een verdedigster zet haar onder druk als ze op het doel afstormt en daarom zoekt ze naar de mogelijkheid van een een-tweetje. De andere 2 aanvalsters komen voor hun blauwe tegenstanders. Ze staan klaar om de bal te ontvangen en direct af te vuren op het doel.

De eerste aanvalster ontvangt de returnpass en schiet op het doel.

De tweede aanvalster komt voor haar tegenstandster en retourneert de bal.

Onder druk van een verdedigster maakt de eerste aanvalster een een-tweetje naar links en ze blijft rennen.

De steekpass

De effectiefste pass in het voetbal is de steekpass dwars door of over de verdediging, naar een vrijstaande aanvaller. Deze krijgt zo opeens meters vrije ruimte in de schoot geworpen en heeft alleen nog de keeper voor zich.

Het beste is natuurlijk als de aanvaller niet hoeft in te houden en geen snelheid verliest bij aannemen van de bal. Het spreekt vanzelf dat aanvaller en aangever elkaar moeiteloos aanvoelen.

In het gat duiken

De aanvaller moet anticiperen op de steekpass en door de verdediging in de vrije ruimte spurten. De aangever moet wel afspelen voordat de aanvaller buitenspel komt te staan. De verdediging is kansloos als beide spelers elkaar op deze wijze aanvoelen.

Trainer

- Speel op tijd af. Treuzel niet, anders staat de speler buitenspel.
- De ontvanger kan gaan zigzaggen om de kans op buitenspel te verkleinen.

Check

- Communicatie
- Scherpte
- Timing
- Accurate passing
- Schijnbewegingen

Basis   ## Speel de bal tussendoor tot achter de verdediging

Deze oefening vindt plaats op een speelveld van 20 x 20 m en leert je verdedigers op het verkeerde been te zetten, zodat ze aan je steekpasses zijn overgeleverd.

5 rode spelers proberen balbezit te houden door elkaar de bal toe te spelen, totdat iemand een opening tussen 2 verdedigers ziet.

Als ze een gaatje zien, moeten de rode spelers de bal tussen de verdedigers door spelen.

1 Speler A trekt beide blauwe verdedigers naar zich toe. Speler B laat weten dat er een gaatje is en hij de bal kan ontvangen.

2 Speler A speelt de bal met de zijkant van zijn voet naar de linkerkant van speler B, zodat hij naar de bal kan rennen.

3 Speler B rent naar de bal. Als hij de bal onder controle heeft, gaat de oefening verder met het zoeken naar de volgende steekpass.

Praktijk

Deze oefening vindt plaats op een speelveld van 60 x 40 m met 2 teams van 7 spelers. Voor de keepers is een zone van 10 m gereserveerd. De middenvelders moeten een steekpass zien te geven in deze 10m-zones.

Na een steekpass mag 1 aanvaller de 10m-zone in rennen om de bal te onderscheppen en een schot op het doel te wagen. Daarna mogen de andere aanvallers en verdedigers ook. Ze kunnen in de zone blijven tot een doelpunt is gescoord, de bal buiten de lijnen wordt gespeeld of de keeper de bal te pakken krijgt.

40 m

10 m

40 m

10 m

Techniek   Voetenwerk

Er zijn 2 types steekpass: de lange pass, langs of over de verdediging heen of de korte steekpass binnendoor.

De lange bal wordt meestal gespeeld vanaf de middenlijn met de instap van de voet. Voor een korte steekpass langs de verdedigers wordt de wreef gebruikt.

⌐GEBRUIK DE INSTAP
Als je de bal met de instap over de verdediging wilt liften, probeer de bal dan wat backspin mee te geven, zodat de bal niet doorrolt naar de keeper. Raak de onderkant van de bal en wijs de bal met je voet kort na, net als bij de stiftbal.

⊃GEBRUIK DE ZIJKANT VAN JE VOET
Geef de steekbal met de zijkant van de voet zoveel kracht mee dat hij in de loop van de medespeler valt.

Zoneopbouw

Op het speelveld zijn natuurlijk geen lijnen getrokken die het veld in 3 delen verdelen, maar de meeste trainers maken deze denkbeeldige verdeling wel: verdediging, middenveld en aanval. Als een team een aanval opbouwt met korte passes door de 3 zones, in plaats van hoge lange ballen naar voren, dan wordt dit zoneopbouw genoemd.

Van achteruit naar voren

Het team heeft bij zoneopbouw spelers nodig die goed balbezit kunnen houden, scherpe passes kunnen geven en goed in de vrije ruimte kunnen rennen.

Als een keeper de bal bemachtigt, speelt hij de bal eerst naar een andere verdediger in plaats van de bal naar voren te schieten. Met korte en simpele passes schuift het team nu langzaam naar voren.

Trainer

- Passeren en weer bewegen. Dat is de sleutel voor het spelen in zones. Let erop dat de passes goed aankomen en zorg dat je zelf klaarstaat om de bal te ontvangen.
- Tegenstanders hebben altijd moeite met oprukkende verdedigers en middenvelders.

Basis   Passeer en assisteer

Oefen dit zonespel door een speelveld van 60 x 40 m op te delen in 3 zones van 20 x 40 m. De keeper en 1 verdediger staan in het eerste derde deel, 2 middenvelders staan in het middenveld en 1 aanvaller staat tegenover de keeper van het andere team.

De eerste keeper rolt de bal naar de verdediger. Met korte passes tussen de ploeggenoten schuift het team langzaam naar voren en probeert te scoren.

4 buitenspelers spelen de bal van achteruit naar voren door de zones op een speelveld van 60 x 40 m en proberen te scoren.

1 De keeper rolt de bal naar de verdediger die de bal naar voren speelt.

2 De verdediger speelt de bal naar een speler in de middelste zone en rent erheen om te assisteren.

3 De middenvelder speelt de bal naar de aanvaller in de aanvalszone die een schot op het doel waagt.

Praktijk

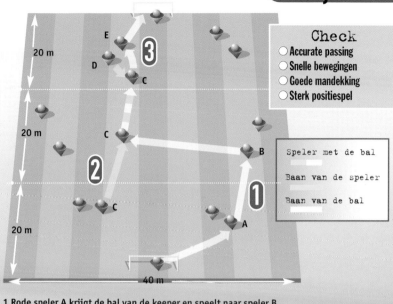

20 m

20 m

20 m

40 m

Check
○ Accurate passing
○ Snelle bewegingen
○ Goede mandekking
○ Sterk positiespel

Speler met de bal

Baan van de speler

Baan van de bal

Het veld is net zo ver-
deeld als bij de oefe-
ning hiervoor. Aan deze
oefening nemen 2 teams
van 6 spelers en 2 kee-
pers deel. Vanuit iedere
zone starten 2 spelers
van ieder team.

Ieder team begint met
de aanval van zone naar
zone, waarbij steeds
maar 1 aanvaller in de
volgende zone mag ren-
nen, terwijl de speler die
hem schaduwt, achter-
blijft. Zo ontstaat steeds
een 3- tegen 2-situatie
in de middelste en in de
aanvalszone en is goede
samenwerking erg
belangrijk.

1 Rode speler A krijgt de bal van de keeper en speelt naar speler B.
2 Speler C rent naar voren als extra man in de middelste zone.
3 Als C de bal ontvangt, rent hij in de aanvalszone en trekt hij de blauwe verdediger naar zich toe, zodat rode speler E vrij komt te staan en kan scoren.

Gevorderden   Speel de bal naar voren

In deze oefening vindt het zonespel plaats op een echt
speelveld met 9 tegen 9 spelers (plus 2 keepers).
Probeer door veel te bewegen met accurate passes
langs de verdediging te spelen. Creëer zo ruimte voor

jezelf en je teamgenoten, oefen op een-tweetjes en
wees altijd bereid om een pass te ontvangen. Blijf in
balbezit en probeer te scoren.

1 Speel de bal vanuit de verdediging, de rode speler trekt een
blauwe speler aan en geeft de bal af.

2 De dichtstbijzijnde rode speler
rent erop af ter assistentie,
zodat hij kan afspelen.

3 Als de rode speler de bal ontvangt, is hij in de aanvalszone
beland en geeft hij een breedtepass.

Afspelen in de aanvalszone

In de aanvalszone, waar ruimte en tijd beperkt zijn en je altijd op de hielen wordt gezet door de verdedigers, is het belangrijk ook onder druk zuiver af te spelen. Een serie simpele en snelle passes kunnen de best georganiseerde verdediging in verlegenheid brengen.

Doelgericht

Om met korte passes goed door een verdediging te kunnen laveren, moet je beschikken over goede visie en een scherpe blik waar je teamgenoten zich bevinden, zodat je de beste pass kunt kiezen. Je moet genoeg zelfvertrouwen hebben om de bal met beide kanten van zowel je linker- als je rechtervoet te schieten, langdurig balcontact is uit den boze. Een zuivere pass vereist goed beoordelingsvermogen. Je moet de bal op het juiste moment met de goede snelheid afspelen, zodat je medespeler op volle snelheid naar het doel kan rennen.

Trainer

- De sleutel voor een goede pass in de aanval is scherp kijken en je kansen afwegen.
- Instinctieve balcontrole is belangrijk, je kunt dan om je heen kijken in plaats van naar de grond.
- Ren meteen verder als je de bal hebt afgegeven, een-tweetjes snijden zo door de verdediging.

Basis | Snijd met de bal door het aanvalsvak

De bal afspelen in het aanvalsvak in een mêlee van spelers vereist opperste concentratie, visie en een onfeilbaar balgevoel.

Je moet binnen een fractie van een seconde beslissen wat te doen en proberen uit 1 tot 2 balcontacten het optimale rendement te halen. Snelle passing kan de verdediging uit elkaar trekken en een teamgenoot de kans geven te scoren.

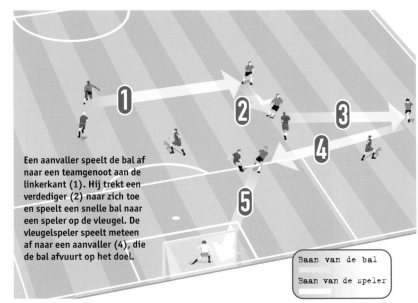

Een aanvaller speelt de bal af naar een teamgenoot aan de linkerkant (1). Hij trekt een verdediger (2) naar zich toe en speelt een snelle bal naar een speler op de vleugel. De vleugelspeler speelt meteen af naar een aanvaller (4), die de bal afvuurt op het doel.

Baan van de bal

Baan van de speler

Praktijk

In deze oefening fungeert een centrale speler A als tussenpersoon tussen 3 andere spelers die aan de buitenlijnen van een speelveld van 15 x 20 m staan opgesteld.

Een van de spelers langs de lijn speelt de bal naar de centrale man die hem afgeeft aan een van de andere 2 spelers. De ontvanger speelt terug naar de speler in het centrum.

15

De spelers langs de lijn lopen langzaam naar de vrije zone (bovenkant) op het veld.

A

20

Voordat ze de bal doorspelen, mogen spelers de bal kort aanraken.

Alle passes lopen via de centrale man (A). Hij moet het balcontact beperken en snel besluiten naar wie hij afspeelt.

1 De centrale man (A) controleert de bal met 1 voetbeweging en is klaar om af te spelen.

2 Hij brengt zijn lichaam in de houding om de bal met de zijkant van zijn voet af te geven naar rechts.

Gevorderden

Schieten na 6 passes

Een goede oefening voor aanvallen met behulp van korte passes. 2 teams van 3 spelers proberen te scoren in kleine doelen op een speelveld van 15 x 20 m.

Voordat een team mag schieten op het doel, moeten ze elkaar ten minste 6 keer de bal hebben toegespeeld.

Accurate passing en snelheid zijn erg belangrijk.

Check
- ○ Goede concentratie
- ○ Goed balgevoel
- ○ Blijf kalm onder druk
- ○ Snel kunnen beslissen

Pas na 6 passes mag op het doel worden geschoten.

De speler met de bal moet de bal bij zich houden tot hij een goede passmogelijkheid ziet.

De ontvangers van de bal moeten ruimte creëren en vrijlopen, zodat de teamgenoten kunnen afspelen.

Voorzet vanaf achterlijn

D e bal belandt na goede voorzet vanaf de achterlijn, als het goed is, net voor de aanvaller, zodat hij de bal alleen nog maar hoeft in te tikken. Een voorzet van de achterlijn kan levensgevaarlijk zijn.

Bij een indraaiende bal vanaf de achterlijn zullen de verdedigers met de hoofden naar hun eigen doel gericht staan om te proberen de bal uit een van de hoeken te koppen. In het ergste geval koppen ze dan in het eigen doel.

Keuzes maken

Bij een voorzet vanaf de achterlijn moet de vleugelspeler snel beslissen waar de bal voor het doel moet belanden. Een goede voorzet kan makkelijk leiden tot een doelpunt.

Trainer

● Kijk altijd waar je medespelers zijn als je de achterlijn bereikt. Bepaal je keuze.
● Neem zoveel mogelijk tijd, zodat je de bal krijgt waar je hem wilt hebben.
● Zorg ervoor dat de bal langs of over de verdediger bij de eerste paal suist en het liefst niet al te dicht bij de keeper.

Basis Goede passing

D e gulden regel voor voorzetten vanaf de achterlijn is dat je de bal nooit te dicht op de keeper speelt.

Een bal in het rode gebied geldt als verloren. Als er een aanvaller in een van de andere gekleurde zones vrij-

staat, kan een voorzet wel tot een doelpunt leiden.

Probeer op het hoofd of in de voeten van de speler te spelen, zodat hij de bal meteen kan afvuren op de goal.

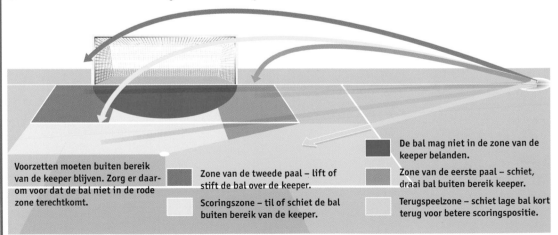

Voorzetten moeten buiten bereik van de keeper blijven. Zorg er daarom voor dat de bal niet in de rode zone terechtkomt.

Zone van de tweede paal – lift of stift de bal over de keeper.

Scoringszone – til of schiet de bal buiten bereik van de keeper.

De bal mag niet in de zone van de keeper belanden.

Zone van de eerste paal – schiet, draai bal buiten bereik keeper.

Terugspeelzone – schiet lage bal kort terug voor betere scoringspositie.

Techniek   Draai de bal weg van het doel

De beste manier om ervoor te zorgen dat de bal buiten het bereik van de keeper blijft, is hem weg te laten draaien van het doel. Een indraaiende bal valt als het goed is, direct voor de voeten van de aanstormende aanvallers. Een keeper kan zich natuurlijk verkijken op de bal.

Check
- Snelheid
- Scherpte
- Goede passtechniek

1 Leun een beetje in de richting waar je de bal wilt laten heen draaien.

2 Raak de bal aan de zijkant, zodat hij indraait.

3 Als je de bal wilt liften, moet je een beetje achteroverleunen en de bal nawijzen met je voet.

Gevorderden   Speel de eerste verdediger uit

Deze oefening vindt plaats op een half speelveld, de nadruk ligt op het afspelen. Vanaf buiten het 16m-gebied speelt een aanvaller de bal in de baan van een vleugelspeler en hij rent zelf richting doel. Op hetzelfde moment start een verdediger vanaf de rand van het 16m-gebied om de vleugelspeler te attaqueren. De vleugelspeler moet de achterlijn bereiken en de bal voorgeven, zodat de aanvaller kan scoren.

1 De bal wordt gespeeld in de baan van de aanstormende vleugelspeler.

2 Die kijkt wat zijn mogelijkheden zijn, terwijl hij rent naar de achterlijn.

3 Hij komt los van zijn directe verdediger, voor een voorzet.

4 Als hij bij de achterlijn komt, geeft hij de bal voor in het 16m-gebied.

Wisselen van de flanken

J e team valt aan via een van de vleugels, maar verschillende verdedigers proberen de aanval te stoppen. Een goede oplossing is de bal naar de andere vleugel te spelen, waar waarschijnlijk minder verdedigers staan opgesteld. Een teamgenoot rent langs de andere flank en wordt aangespeeld, waardoor een groot gedeelte van de tegenstanders kortstondig is uitgespeeld.

De tegenstanders op het verkeerde been zetten

Als een aanval via een vleugel wordt geblokkeerd is het zaak de bal meteen naar de andere vleugel te spelen, omdat hier minder verdedigers staan opgesteld.

Trainer

- Als je aanvalt via de vleugel houd je hoofd dan omhoog, zodat je het overzicht behoudt. Let op keuze aanval vanaf andere vleugel.
- Zorg dat de breedtepass indien mogelijk achter de verdediging valt, vooral als je een snelle vleugelspeler aanspeelt.

Check
- Accurate passing van de bal, zowel van links als rechts.
- Snel beslissen
- Snel handelen, snelle spelers die de vrije ruimte kunnen benutten

Basis   Zorg voor snelheid

E en snelle bal naar de andere flank moet achter de verdediging belanden. Als de bal te langzaam wordt aangespeeld, kunnen de verdedigers de bal oppikken. Gewoon naar voren schieten is geen alternatief, zorg ervoor dat een teamgenoot de bal altijd kan bereiken.

Zo'n breedtepass naar de andere vleugel heeft zin als je team een supersnelle vleugelspits heeft en de bal in de vrije ruimte voor hem wordt gespeeld. Hij kan de bal meenemen langs de vleugel en voorgeven in het 16m-gebied.

1 De rode aanvaller rent met de bal door het middenveld, maar er zijn te veel verdedigers om de weg naar voren te blokkeren.

2 Hij ziet een speler in de vrije ruimte lopen en geeft een lange pass, die rechts van de speler valt.

Speler met de bal

Baan van de speler

Baan van de bal

Praktijk

Om van flank te kunnen wisselen zijn lange passes noodzakelijk. In deze oefening wordt de bal steeds naar de cornerhoek gespeeld op een speelveld van 40 x 40 m. De eerste speler speelt de bal naar een speler in een andere hoek van het veld en rent naar die hoek. De ontvanger speelt bal weer in een andere hoek.

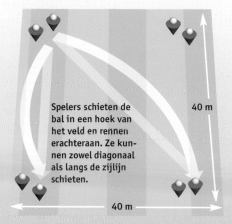

Spelers schieten de bal in een hoek van het veld en rennen erachteraan. Ze kunnen zowel diagonaal als langs de zijlijn schieten.

40 m

40 m

1 Schiet de bal in een van de hoeken naar een andere speler.

2 Als je de bal hebt geschoten, ren je er zelf naartoe. Hoe sneller hoe beter.

Gevorderden   **Breng de truc in praktijk**

Nu is het zaak deze passes te oefenen. 6 aanvallers proberen te scoren tegen 6 verdedigers en 1 keeper op een half speelveld.

Het is de bedoeling een goed opgezette aanval door te voeren, de directe verdedigers van de aanvallers los te weken en de bal naar de andere flank te spelen. Benut de vrije ruimte voordat de verdedigers naderbij komen.

1 De 2 rode spelers bouwen een aanval op via de flank. Een speler passt naar een andere, voordat de verdediging bij de bal kan komen.

2 De ontvanger van de bal wordt ingesloten door de verdedigers en hij kan de bal niet zonder balverlies terugspelen naar z'n teamgenoot.

3 Door breedtepass naar andere vleugel richting rode speler hoeft aanval niet worden onderbroken, de verdediging is kort uitgeschakeld.

Spelen op balbezit

Om op balbezit te kunnen spelen moeten de spelers zowel technisch als tactisch bedreven zijn. Door elkaar steeds de bal toe te spelen kunnen de verdedigers hun positie verliezen, mateloos gefrustreerd raken en uiteindelijk roekeloos gaan tackelen. Hierdoor ontstaan gaten in de verdediging. Teams die goed op balbezit kunnen spelen, controleren de wedstrijd. Een misstap van de verdediging ligt altijd op de loer, en dat levert kansen om te scoren op.

Zelfvertrouwen en vermogen

Op balbezit te spelen betekent niet dat je een wedstrijd altijd zult winnen, maar je krijgt er wel scoringskansen door. Bedenk dat je alleen kunt scoren als je in balbezit bent.

Trainer

- Probeer de bal achter de verdediging te spelen.
- Creëer ruimte, zodat je team goede passmoge-lijkheden heeft.
- Balbezit moet resulteren in een einduitkomst, dat wil zeggen een schot op het doel.

Basis   Langzaam opbouwen van achteruit

Zijdelingse passes beginnen vaak al op de eigen helft. De keeper gooit of rolt de bal naar een verdediger. De bal zal alleen naar voren worden gespeeld als balbezit verzekerd is. Dus de spelers moeten steeds opnieuw vrijlopen.

Op de rechterafbeelding laten de gele pijlen de baan van de spelers zien en de oranje gedeelten markeren het gebied waar de speler de bal het liefste zou willen ontvangen.

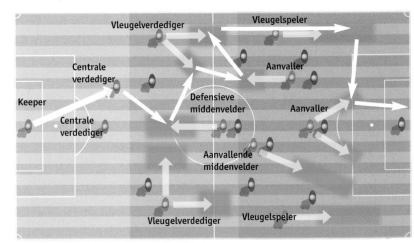

Vleugelverdediger · Vleugelspeler · Centrale verdediger · Aanvaller · Keeper · Centrale verdediger · Defensieve middenvelder · Aanvaller · Aanvallende middenvelder · Vleugelverdediger · Vleugelspeler

Het rode team speelt op balbezit en bouwt de aanval langzaam op. Het gaat van het lichtge-arceerde gedeelte langzaam maar zeker naar het donkerdere gedeelte. De witte pijl toont de mogelijke baan van de bal richting doel.

Witte pijl = baan van de bal
Gele pijl = baan van de speler

Praktijk

Deze oefening met 3 spelers vindt plaats op een speelveld van 10 x 10 m. 2 oranje aanvallers proberen de bal in bezit te houden terwijl 1 blauwe verdediger ze daarin stoort.

De bal moet in beweging blijven, zodat de verdediger de bal niet kan onderscheppen. Bij zelfverzekerde passes en goede balbehandeling zal de verdediger het uiteindelijk opgeven.

1 Terwijl de blauwe verdediger naderbij komt, zoekt de oranje speler assistentie.

2 Hij geeft de bal af en passeert de verdediger met een welgedoseerde pass.

3 Hij loopt zich vrij en is goed aanspeelbaar.

Gevorderden Zorg voor resultaat

Het is belangrijk vooral in het aanvalsgedeelte van het speelveld balbezit te houden, waar ruimte en tijd beperkt zijn. Deze oefening vereist een zuivere en directe traptechniek, goed bewegen zonder de bal en een strakke passing.

Deze oefening vindt plaats op een speelveld van 10 x 10 m met 4 oranje aanvallers en 2 blauwe verdedigers. De aanvallers scoren een 'doelpunt' als ze elkaar opeenvolgend 5 keer de bal hebben toegespeeld of een pass dwars door de verdediging hebben gespeeld. Als de aanvallers de bal 3-maal is ontfutseld, wordt van positie gewisseld. Zo is iedereen een keer aanvaller en verdediger.

Check
- Goede balcontrole
- Beheersen van goede passtechniek
- Vertrouwen reikwijdte pass hele veldbreedte

Spelers moeten accuraat passen naar een teamgenoot in de vrije ruimte.

Aanvallers moeten dwars door de verdediging durven spelen.

De bal vasthouden

I eder team heeft een speler nodig die de bal in bezit kan houden. Vooral op het middenveld en in de aanval is dit belangrijk. De andere spelers kunnen dan naar voren stormen. Als je de bal verliest, zijn de zaken meteen omgedraaid en kan voor het eigen doel een gevaarlijke situatie ontstaan.

De bal afschermen

Een speler die de bal kan afschermen is onmisbaar. Hij kan wegdraaien van zijn directe tegenstander of de bal ongehinderd afgeven aan een teamgenoot. Topspelers kunnen de bal uitstekend afschermen, onder controle brengen en met hun lichaamskracht verdedigers op afstand houden.

Trainer

- Bied jezelf aan als je team uit de verdediging breekt.
- Houd je lichaam zijwaarts zodat de tegenstander niet bij de bal kan.
- Als je de bal in bezit hebt, kijk dan goed waar je teamgenoten heenlopen.

Basis   Blijf sterk

I n deze basisoefening krijgt de aanvaller de bal aangespeeld van een aangever. De aanvaller wordt van achteren geschaduwd door een verdediger. Hij moet de bal in bezit houden, hem afschermen en de bal met een strakke pass afspelen naar de aangever. Zorg dat je lichaam tussen de bal en de tegenstander is en dat je zo stevig staat dat hij je niet kan wegstoten.

1 Voordat de aanvaller de bal ontvangt, maakt hij gebruik van zijn armen om de tegenstander op afstand te houden.

2 Als hij bij de bal komt, spreidt hij zijn armen om zijn evenwicht te bewaren en leunt hij een beetje op de verdediger.

3 Als hij de bal eenmaal onder controle heeft, speelt hij met de zijkant van zijn voet terug naar de aangever.

Gevorderden

Houd je lichaam zijwaarts gericht

Doe de oefening nog-
maals, nu met aan
iedere kant een teamge-
noot. Je hebt 3 mogelijkheden om de bal af te spelen:
naar links, naar rechts en
terug naar de aangever.
Houd je lichaam iets zij-
waarts als je de bal aan-
neemt, dan is de bal verder
weg van de verdediger. Dit
geeft meer vrijheid om de
bal zijwaarts af te spelen.

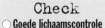

Check
○ **Goede lichaamscontrole**
○ **Kracht met de bal**
○ **Goed overzicht**
○ **Wendbaarheid**
○ **Gedoseerde passing**

1 De aanvaller speelt de
bal met de buitenkant
van zijn voet, en creëert
zo een grotere barrière
voor de verdediger.

2 De verdediger is te ver
van de bal, hij kan de
bal alleen bemachtigen als
hij langs de aanvaller weet
te komen.

3 Als de aanvaller de bal
eenmaal onder controle
heeft, speelt hij hem met
de binnenkant van zijn
voet naar zijn teamgenoot
aan de linkerkant.

Praktijk

Deze oefening vindt plaats op een
speelveld van 20 x 10 m met 2
aanvallers en 2 verdedigers. 1 aanvaller speelt de bal vanaf een van de

10m-zijlijnen naar de andere aanvaller. De tweede aanvaller moet de bal
vasthouden en dan terugleggen op
de eerste aanvaller, die mee naar

voren is gekomen. De aanvallers moeten nu op elkaar aansluiten, zodat ze
de bal over de tegenovergestelde
10m-lijn kunnen spelen.

1 Met een verdediger op zijn hielen,
ontvangt A de bal en houdt hem
bij zich.

2 Als aanvaller B komt assisteren,
legt A de bal terug en draait hij weg
van zijn directe verdediger.

3 B geeft nu een pass tussendoor
naar A, die met de bal naar het
einde van het speelveld rent.

Ondersteunen

Goede ondersteuning is essentieel in de aanval. Als een van de spelers aan de bal is, moeten er teamgenoten in de buurt zijn die steeds aanspeelbaar zijn.

Hoe meer afspeelmogelijkheden er zijn, hoe onvoorspelbaarder het team wordt.

Kijken, luisteren en de bal afgeven

De bal terugspelen om balbezit te houden is beter dan balverlies te lijden. Laat de man in balbezit altijd weten waar je staat. Hij moet goed om zich heen kijken en als hij ziet dat de andere aanvallers hun mannetje meetrekken, kan hij ook besluiten de ruimte in te lopen.

Trainer

- **Ondersteunen betekent niet dat je zo dicht mogelijk bij de man met de bal moet komen, maar wel dat je in zijn nabijheid de vrije ruimte weet te vinden.**
- **Door ondersteuning kan de bal in beweging blijven. Stokt deze, dan hergroepering verdedigers.**

Basis Zoek de ruimte

Je steunt de man met de bal goed door je zo op te stellen dat een pass naar jou niet geblokkeerd kan worden door een verdediger.

De andere spelers moeten zich steeds vrijlopen en ruimte creëren binnen het afspeelbereik van de speler in balbezit. Ze moeten ook proberen hun directe verdediger af te schudden. Als de ondersteunende speler het risico loopt getackeld te worden als hij de bal krijgt toegespeeld, kun je dus beter niet naar hem afspelen.

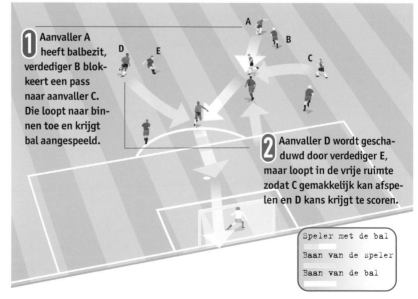

1 Aanvaller A heeft balbezit, verdediger B blokkeert een pass naar aanvaller C. Die loopt naar binnen toe en krijgt bal aangespeeld.

2 Aanvaller D wordt geschaduwd door verdediger E, maar loopt in de vrije ruimte zodat C gemakkelijk kan afspelen en D kans krijgt te scoren.

| Speler met de bal |
| Baan van de speler |
| Baan van de bal |

Praktijk

Op een speelveld van 20 x 20 m spelen 4 spelers tegen 4. Het is de bedoeling elkaar de bal zo vaak mogelijk toe te spelen.

2 neutrale spelers die langs de lijnen van het veld lopen, spelen steeds mee met het team dat op dat moment in balbezit is. Met deze 2 extra spelers kan het team in balbezit de bal beter in de ploeg houden.

2 rode verdedigers bedreigen de blauwe speler in balbezit. Maar 1 van zijn teamgenoten is meegekomen en vraagt om de bal. De speler in balbezit kan de bal ook nog naar achteren afspelen.

Check
- Intelligente bewegingen
- Goede communicatie
- Slimme passing
- Goede visie

Gevorderden Zorg voor support rondom

Op een speelveld van 30 x 30 m spelen 5 tegen 5 spelers. Op het speelveld zijn 4 minidoelen in een cirkel geplaatst en iedere speler moet de bal steeds door een van de doelen naar een teamgenoot spelen. Bij deze oefening leer je eerst goed om je heen te kijken en je opties af te wegen, voordat je besluit tot een pass. De ondersteunende spelers moeten proberen steeds vrij te staan.

1 Rode speler A vraagt om de bal en rent in de vrije ruimte, de andere spelers lopen mee ter ondersteuning.

2 Rode speler B staat achter een van de doelen klaar om te scoren.

3 Intelligent positiespel en goede ondersteuning, resulteren uiteindelijk in een doelpunt.

Counter

En tactiek die de wedstrijd kan beslissen, is direct vanuit de verdediging razendsnel uitbreken naar het andere doel. De aanvallers van de tegenstander hebben na een afgeslagen aanval niet genoeg tijd om terug te komen in de verdediging. De bal moet wel razendsnel vanaf de eigen helft, diep in het andere speelveld worden gespeeld. De spelers moeten dus helemaal fit zijn en snel, en ze moeten ook nog zuiver kunnen schieten.

Loop mee om te assisteren

Als de aanval van de tegenstander wordt onderbroken, moeten de spelers razendsnel in de counter gaan. De spelers moeten goed van elkaar weten wat ze doen en zo nodig assistentie verlenen. Een snelle counter kan iedere verdediging ontregelen en resulteren in prachtige doelpunten.

Trainer

- **Zoek eerst de lange bal. Zorg dat de bal goed terechtkomt.**
- **Spelers die komen assisteren, moeten diagonaal naar voren rennen.**
- **Verover zoveel mogelijk ruimte als je in balbezit bent.**
- **Assisteer snel.**

Basis — Aanvallen als collectief

Het doel van de counter is simpel: als je team de bal verovert, moeten de spelers als een collectief naar voren gaan.

Aanvallers moeten zich op de vijandelijke helft vrijlopen, terwijl middenvelders meelopen ter assistentie. Iedere speler moet snijdende en accurate passes geven. Rechts een voorbeeld.

> Witte pijl = baan van de bal
> Gele pijl = baan van de speler

3 Een korte pass van C brengt B vrij voor het doel. Hij loopt eerst met de bal naar de rand van het 16m-gebied en schiet dan op het doel.

1 Als speler A (verdediger) in balbezit komt, begint speler B (middenvelder) al naar voren te rennen en zorgt speler C (aanvaller) ervoor dat hij vrijstaat.

2 Speler C ontvangt de lange pass van A en rent naar de middenlijn. Speler B loopt op volle snelheid verder naar voren.

Praktijk

Speler A komt meteen assisteren als hij de bal heeft afgespeeld.

De ontvangende speler B passt naar C en neemt zijn plaats in.

Een goede oefening voor succesvol countervoetbal, die plaatsvindt op een speelveld van 10 x 10 m met 6 spelers en 1 bal.

Speler A passt de bal naar een van zijn teamgenoten, in dit geval speler B en rent dwars over het veld om de plaats van B op het veld in te nemen.

In de tussentijd speelt B af naar een andere speler, in dit geval speler C en loopt met de bal mee om te assisteren. Beslis al waarheen de bal af te spelen voordat je hem ontvangt, zodat je snel en zuiver verder kunt spelen. Deze oefening moet snel worden doorgevoerd.

Gebruik alleen one touch passing om het wat moeilijker te maken. Laat je medespeler weten dat je hem aanspeelt.

Check
- Goede communicatie
- De wil om te assisteren in de aanval

- Helemaal fit
- Snelheid

Gevorderden
Zorg voor de doorbraak

De bal wordt teruggelegd op een speler die komt assisteren...

... die afspeelt naar de speler op links...

... en de bal naar voren drijft. Andere spelers lopen mee naar voren.

6 oranje aanvallers en 4 blauwe verdedigers spelen in een rij op 3 speelveldjes van 10 x 10 m. 4 aanvallers en 2 verdedigers starten vanaf een van de buitenste speelveldjes. 2 aanvallers maken zich los om naar voren te rennen. Ze lopen met de bal door het centrale veld (niemandsland) in het andere buitenste veld, waar 2 andere oranje spelers komen assisteren.

Het is de bedoeling de bal snel te passen naar een teamgenoot, zodat die voor een wending kan zorgen en dan terugrent naar het eerste speelveld. Een van de aanvallers (A) speelt de bal naar B, die meteen passt naar de overlappende speler C, die op zijn beurt de bal terugspeelt in speelveld 1 met D als assistent.

Ruimte creëren

E en essentieel onderdeel van het spel is het bewegen zonder de bal. Let maar eens op hoe topspelers in de vrije ruimte kunnen rennen, op het moment dat hun team balbezit krijgt.

De verdediger meetrekken

Als een verdediger achter een aanstormende aanvaller aanrent, komt er automatisch meer ruimte voor de speler in balbezit. Als de verdediger de aanvaller niet kan bijhouden, kan deze door de man in balbezit worden aangespeeld.

Bewegen zonder de bal is enorm belangrijk als de speler in balbezit op het doel afstormt. Zijn teamgenoten leiden de verdedigers weg uit het centrum, zodat hij de bal verder kan drijven in de richting van het doel.

Trainer

- Start op het juiste moment en laat weten dat je vrijstaat, zodat je een verdediger meetrekt.
- Blijf bewegen. Iedere beweging bezorgt de verdediging werk.
- Zorg ervoor dat je niet buitenspel komt te staan.

Basis Blijf bewegen

I n deze oefening spelen 2 aanvalsters tegen 1 verdedigster op een speelveld van 10 x 20 m. 1 aanvalster in oranje shirt (A) moet de blauwe verdedigster wegleiden uit van verdedigingslinies, zodat de aanvalster B met de bal vanaf de 20m-lijn naar de 10m-lijn kan oprukken.

1 Aanvalster A rent over het veld en trekt haar directe verdedigster mee. B kan deze ruimte ten volle benutten.

2 De verdedigster in het blauw concentreert zich op de bewegingen van A, terwijl aanvalster B ongestoord met de bal naar voren rent.

3 Aanvalster B bereikt de 10m-lijn, voordat de verdedigster haar fout kan corrigeren.

Praktijk

In deze oefening spelen 3 oranje verdedigsters tegen 3 aanvalsters. 2 van de aanvalsters dwingen hun directe verdedigsters mee naar buiten, zodat de aanvalster in balbezit op het doel kan schieten.

Check
- Scherpte
- Wegrennen vanuit stand
- Goede communicatie met de teamgenoten

1 De aanvalster met de bal rent weg van haar blauwe verdedigster op zo'n 30 m van het doel. De 2 andere aanvalsters zijn ongeveer 20 m van het doel en dwingen hun directe verdedigsters naar buiten toe. **2** De aanvalster met de bal rent in de vrije ruimte die is ontstaan in het centrum. **3** Voordat een van de verdedigsters kan terugkomen, heeft ze al geschoten op het doel.

Gevorderden **Let op de return**

2 aanvalsters in het oranje spelen tegen 3 blauwe verdedigsters. Om ruimte te creëren kan aanvalster (A) zowel passen als schieten.

De beweging die je hieronder in de afbeelding ziet, wordt overlapping genoemd. Speelster A speelt een eentweetje met haar medeaanvalster (B), waardoor ruimte op de rechterflank ontstaat om te scoren.

Kijk hoe B op het doel afrent, terwijl A op het doel schiet. Als de bal terugstuit van de keepster of de doelpaal kan B alsnog scoren.

1 Aanvalster A staat ongeveer 25 m van het doel en speelt een korte pass naar B.

2 Aanvalster A loopt in de vrije ruimte aan de rechterflank, klaar om de return te ontvangen.

3 Aanvalster A krijgt de bal. Ze heeft nu de ruimte om op het doel af te stormen of om de keepster met een langeafstandsschot te verrassen.

De overlap

E en goed uitgevoerde overlap is moeilijk te stoppen en levensgevaarlijk. Een aanvaller krijgt hierdoor ruimte op de flanken, behalve bij man-tegen-man-verdediging.

Run op het doel

De overlappende speler haalt simpelweg de speler met de bal aan de buitenkant van het speelveld in. Als een verdediger dit ziet, rent die erachteraan en heeft de speler op de flank in ieder geval bereikt dat deze verdediger de man in balbezit niet langer bedreigt en er voor andere spelers ruimte is ontstaan.

Een pas in de flank is natuurlijk ook goed, een voorzet vanaf de flanken voor het doel is moeilijk te verdedigen. Verdedigers rennen dan terug, staan met hun gezicht naar het eigen doel, terwijl aanvallers aanstormen om de genadeklap te geven.

Trainer

- Wees bereid om de bal te ontvangen, maar ook om als bliksemafleider te dienen.
- Probeer de start van je run te maskeren. Als de verdediger dit doorkrijgt, ben je allang op weg in de vrije ruimte.

Basis   Goede timing

H et geheim van overlappen is timing. De overlappende speler (B) moet leren zijn run zo in te delen dat hij de bal op volle snelheid kan aannemen. De aangever (A) moet zijn pas zo timen dat de vleugelspeler de bal in zijn loop kan meenemen zonder vaart dat hij vaart hoeft te minderen. De 2 aanvallers moeten goed met elkaar communiceren. Als de coördinatie klopt, kan verdediger (C) de bal niet onderscheppen of tackelen en is hij uitgespeeld.

Speler met de bal

Baan van de speler

Baan van de bal

1 Als speler A met de bal wegrent, trekt hij verdediger C naar zich toe. De tweede aanvaller (B) begint ook te rennen, achter de eerste aanvaller weg.

2 De overlappende aanvaller deelt zijn run zo in dat hij de bal in de ruimte voor zich gemakkelijk kan aannemen. Als hij te dicht naast zijn medeaanvaller loopt, kan de verdediger de pass onderscheppen.

3 De bal komt voor de overlappende speler terecht. Hij hoeft zijn run niet te onderbreken en kan op volle snelheid doorrennen.

Praktijk

Op een speelveld van 60 x 40 m met aan weerszijden een 5m-zone afgebakend, staan aan iedere kant 6 spelers.

De 5m-zone is voor de overlappende runs. Alleen het team in balbezit mag deze zone betreden. Dus iedere aanvaller kan ongehinderd overlappen.

Check
- Scherpte
- Elkaar begrijpen
- Timing
- Communicatie
- Korte passing
- Explosieve snelheid

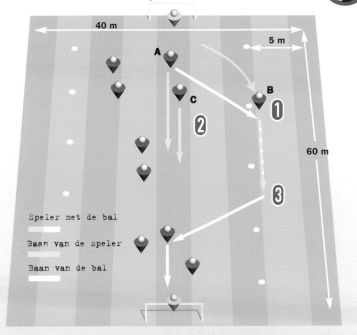

40 m

5 m

A

B

C

1

2

60 m

3

Speler met de bal

Baan van de speler

Baan van de bal

1 De overlappende speler B rent in de 5m-zone en krijgt de bal van teamgenoot A aangespeeld.

2 De blauwe verdediger C is uitgespeeld. Het lukte hem niet A te tackelen of de bal te onderscheppen en hij moet terugrennen naar het doel.

3 Voordat de verdediger een goede positie kan innemen, speelt de overlappende speler een gevaarlijke bal vanaf de flank in het doelgebied. (Let op hoe speler A de aanval heeft gevolgd, nadat hij had afgespeeld.)

De aanval breed maken

I eder goed team heeft spelers die goed kunnen aanvallen via de flanken. Al hebben ze dan misschien geen echte buitenspelers, vleugelverdedigers of middenvelders op de vleugel kunnen met de bal ook langs de buitenlijn rennen.

Gebruik de vleugels

Met voldoende ondersteuning vanaf de vleugels heeft een centrale middenvelder bij het naar voren spelen van de bal veel afspeelmogelijkheden. Als verdedigers naar buiten worden gedwongen omdat ze de vleugelspelers moeten dekken, kan de middenvelder in het vrijgekomen gat duiken. Als de verdedigers in het centrum blijven hangen, kan hij de bal juist via de vleugels spelen. Voor welke optie hij ook kiest, hij trekt de verdediging uit elkaar waardoor er kansen ontstaan om te scoren.

Trainer

● Zorg ervoor dat er zo vaak mogelijk spelers naar de zijkanten gaan. Zo kun je de verdediging uit elkaar trekken.
● Als een teamgenoot via de vleugel opkomt, probeer hem dan te overlappen en trek zo een verdediger mee. Er ontstaan gaten in de verdediging.

Basis　Spelers op de vleugel

Gebruik van de vleugels heeft 2 voordelen. Als de bal via de vleugels wordt gespeeld, moeten de verdedigers hun posities verlaten om de bal te heroveren. De speler op de vleugel kan de bal nu voorgeven in het 16m-gebied.

De tweede mogelijkheid is rechts afgebeeld. Als spelers van je team langs de vleugel opkomen, moeten er verdedigers komen om ze te dekken. Hierdoor ontstaat voor het doel ruimte voor de andere aanvallers.

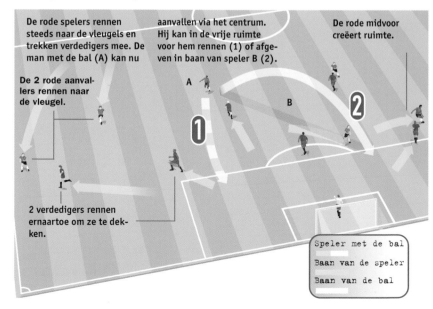

De rode spelers rennen steeds naar de vleugels en trekken verdedigers mee. De man met de bal (A) kan nu

De 2 rode aanvallers rennen naar de vleugel.

aanvallen via het centrum. Hij kan in de vrije ruimte voor hem rennen (1) of afgeven in baan van speler B (2).

De rode midvoor creëert ruimte.

2 verdedigers rennen ernaartoe om ze te dekken.

Speler met de bal
Baan van de speler
Baan van de bal

Praktijk

Op een speelveld van 60 x 40 m wordt een wedstrijd van 6 tegen 6 gespeeld. In elke hoek is een zone van 10 x 10 m afgezet waarop de bal eerst wordt gespeeld, voordat de spelers naar het doel rennen. Door veel te passen en meteen vrij te lopen, kunnen de aanvallers de hele breedte van het veld gebruiken.

1 Een rode speler rent mee naast zijn medespeler tot in de gemarkeerde zone.

2 Een blauwe verdediger wordt naar buiten getrokken, waardoor er meer ruimte in het centrum ontstaat.

3 Vanaf de vleugel kan de rode speler nu een gevaarlijke voorzet in het 16m-gebied geven.

Gevorderden

Kies de breedte om vooruit te komen

De bal spelen via de vleugels trekt niet alleen de verdediging uit elkaar, maar creëert ook tijd om vanuit een goede positie voor te geven.

Speel een wedstrijdje van 6 tegen 6 op een half speelveld, met aan beide kanten een gemarkeerde zone van 9 m, waar alleen de vleugelspeler mag komen. De 2 vleugelspelers sluiten zich aan bij het team dat in de aanval is. Het aanvallende team is dus steeds in het voordeel.

Check
○ Communicatie
○ Goede ondersteuning
○ Visie
○ Goede passing

Je kunt alleen in het voordeel zijn door gebruik te maken van de 2 vleugelspelers (in het witte shirt). De verdedigers proberen ze te dekken en komen voor het doel in de problemen (inzetje).

Diagonale sprints in aanvalsvak

De moderne aanvaller moet fit, snel en alert zijn. Tijdens de wedstrijd moet hij talloze sprintjes trekken, maar de keren dat hij de bal bemachtigt, zijn meestal op de vingers van een hand te tellen.

Diagonale sprints stichten veel gevaar, de aanvaller rent naar binnen en trekt de verdediger met zich mee. Op het juiste moment maakt hij een scherpe hoek en kan hij in de vrije ruimte achter de zuiver aangespeelde bal aanrennen.

Kies de juiste hoek

Je medespeler hoeft in dit geval alleen een kaarsrechte pass te geven, maar de verdediger staat op het verkeerde been. Hij kan de aanvaller waarschijnlijk niet volgen als die eenmaal zijn scherpe hoek heeft gemaakt.

Trainer

- Als je opeens diagonaal naar binnen sprint, is het vooral zaak niet buitenspel te lopen. Dus ren niet langs de laatste verdediger voordat de bal wordt aangespeeld.
- Zorg voor explosieve en scherpe sprints, op volle snelheid kun je de verdediger achter je laten.

Basis   Time je run goed

De timing van aangever en degene die naar de bal sprint, moet perfect zijn. De bal moet goed terechtkomen in de baan van de speler en de buitenspelval mag niet openklappen.

Op de illustratie rechts moet de middenvelder de bal afspelen voordat de aanvaller scherp tussen de laatste verdediger doorsnijdt en buitenspel komt te staan. Een goede middenvelder kan de baan van de aanvaller 'lezen' en hem de bal precies goed toespelen. De pass moet krachtig genoeg zijn om langs de verdediging te komen, maar niet zo hard dat de bal ten prooi valt aan de keeper.

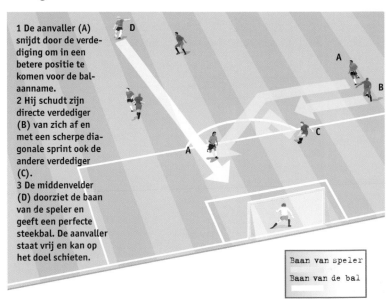

1 De aanvaller (A) snijdt door de verdediging om in een betere positie te komen voor de balaanname.
2 Hij schudt zijn directe verdediger (B) van zich af en met een scherpe diagonale sprint ook de andere verdediger (C).
3 De middenvelder (D) doorziet de baan van de speler en geeft een perfecte steekbal. De aanvaller staat vrij en kan op het doel schieten.

| Baan van speler |
| Baan van de bal |

Praktijk

Een goede verstandhouding tussen spelers is bij diagonale sprints erg belangrijk. Het draait allemaal om timing en passes in deze oefening. 2 spelers beginnen op hetzelfde moment te spurten, ze zijn 20 m van elkaar verwijderd. De ene speler rent met de bal en speelt af naar de andere, niet in de voeten maar zo dat de speler eerst een scherpe diagonale hoek moet maken.

Als je de timing eenmaal onder de knie hebt, doe dan deze oefening nog eens met een keeper en een echt doel, zodat de bal ook de juiste snelheid moet meekrijgen.

1 Speler A loopt met de bal naar voren. Op hetzelfde moment sprint speler B naar voren.

2 Na 5 m maakt B een scherpe hoek en vraagt hij om de bal. A speelt de bal in de baan van speler B.

Baan van de speler

Baan van de bal

Check
- ○ Scherpte
- ○ Visie
- ○ Geduld
- ○ Timing
- ○ Sprintvermogen

Gevorderden De verdedigers uitspelen

Oefenen op korte diagonale sprints kan in de praktijk het beste op een speelveld van 60 x 40 m met 3 zones van 20 x 40 m. Ieder team heeft 6 buitenspelers. 2 spelers van ieder team opereren steeds in één zone en de 2 verdedigende paren moeten proberen de buitenspelval open te klappen.

De rol van de aanvallers is korte diagonale sprints te trekken zonder bal en de buitenspelval te omzeilen.

Zelfs als de spelers de bal niet krijgen aangespeeld, zullen ze ruimte achter zich creëren, waardoor de teamgenoten druk kunnen blijven uitoefenen.

1 Trek een korte diagonale sprint in de vrije ruimte. Laat je teamgenoot weten waar je de bal wilt hebben.

2 Sprint weg van je directe tegenstander. Door het verrassingseffect zul je een voorsprong op hem krijgen.

3 Ren naar de bal, overweeg je kansen en speel meteen af naar een teamgenoot of neem de bal op je slof.

Tijd voor een schot

Een oude voetbalwijsheid luidt: geef geen pass als je op het doel kunt schieten. Binnen een fractie van een seconde moet je kunnen beslissen wanneer je moet schieten. Je moet altijd willen scoren en geen kans onbenut laten om de bal op het doel af te vuren.

Snel schieten of de bal afgeven

Als je op het doel kunt schieten, doe het dan. Maar als een teamgenoot in een beter positie staat, speel de bal dan liever af. Wat je ook beslist, doe het vliegensvlug. Een moment van twijfel en de kans is al weer verkeken.

Trainer

- Schiet als je de kans krijgt, al is het maar een halve kans.
- Geef de bal af als een teamgenoot een betere positie heeft.
- Als je een rechte vrije lijn van de bal naar het doel ziet: meteen schieten!

Basis   ## Zorg voor een goede hoek

Schoten vanuit een scherpe hoek zijn gemakkelijker te redden door de keeper, dan schoten van voor het doel. Als je ver aan de zijkant staat of dicht bij de achterlijn zal de hoek ook klein zijn. Het is misschien beter de bal af te geven aan een speler die een betere positie heeft.

ZONE VOOR HET PASSEN
Scherpe hoek – pass liever dan te schieten

ZONE VOOR HET SCHIETEN
Betere hoek – schiet op het doel

Praktijk

Een aangever speelt de bal naar een aanvaller die de bal ineens op de slof neemt. De passes komen vanuit de volgende hoeken.

(1) Van achteren: de aangever speelt de bal, de aanvaller rent ernaartoe en neemt hem meteen op de slof, met links of met rechts.

(2) Vanaf de zijkant: de aangever speelt de bal eerst aan vanaf links en daarna vanaf rechts. De aanvaller neemt de bal meteen op de slof met de voet die het dichtste bij de bal is, en daarna met de voet die er het verste van verwijderd is.

(3) Van voren (zie afb.): de aangever legt de bal terug op de aanvaller die meteen schiet. Hij houdt de bal laag, zo is het voor de keeper moeilijk de bal te krijgen.

De aangever rolt de bal terug naar de aanvaller die de bal direct op de slof neemt.

De aanvaller houdt de bal laag.

Check
- Snel beslissen
- Goed eerste balcontact
- Gebruik beide voeten
- Accuratesse
- Goede timing
- Kalm en beheerst blijven onder druk

Gevorderden   Schieten en kijken

Organiseer een wedstrijdje op een speelveld van 30 x 20 m. Vorm 2 teams van 4 tegen 4 spelers, met 2 extra teams van 4 spelers langs de lijn om het spel over te nemen.

Je mag de bal steeds maar tweemaal aanraken, een keer aannemen en daarna passen of schieten. De keepers brengen de bal in het spel.

Spelers krijgen de bal binnen de 25 m van het doel aangespeeld, dus ze moeten proberen in een keer te schieten.

Het eerste team dat 2 doelpunten scoort, blijft op het veld om het volgende team te verslaan. Wissel na driemaal winst.

De verdediger in het blauw kan niet verhinderen dat de oranje speler goed zicht op het doel heeft.

De oranje aanvaller schiet voordat de blauwe aanvaller kan ingrijpen.

Oog in oog met de keeper

Je hebt de buitenspelval omzeild en de verdedigers heb je 10 m achter je gelaten. Je komt bij de penaltystip en de doelverdediger stapt naar voren om de hoek te verkleinen.

Opeens is het niet meer zo gemakkelijk om oog in oog met de keeper te staan. Bewaar toch je kalmte, weeg je keuzes af en blijf bij je keuze.

Check
- Kalme reactie
- Goede balans
- Balcontrole
- Zelfvertrouwen
- Accurate schottechniek

Basis — Kijk naar de keeper

Speler met de bal   Baan speler   Baan van de bal

Goede aanvallers checken hoe de keeper staat opgesteld voordat ze besluiten in welke hoek ze schieten.

Alle keepers wijken van hun lijn af om de hoek te verkleinen, maar hoeveel en hoe snel verschilt per keeper. Hij heeft 3 mogelijkheden om de bal te stoppen en de aanvaller kan ook op verschillende manieren scoren.

SCHIET METEEN
als keeper op doellijn blijft staan. Het gebied waarop je kunt richten, is groot.

STIFT BAL OVER KEEPER
als de keeper halverwege jou en de doellijn staat.

DE KEEPER PASSEREN
Als de keeper op je af komt stormen, probeer hem dan met de bal te passeren.

Oefenen op timing

Het doel van deze oefening is de keeper op volle snelheid te verslaan. Dit wordt ook wel shoot-out genoemd. De aanvaller rent op het doel af, vanuit een hoek van de halve cirkel en moet binnen 7 seconden zien te scoren. Houd de bal onder controle en kijk goed naar de keeper voordat je besluit wat te doen. Bedenk wel dat je weinig tijd hebt.

1 De aanvaller nadert de keeper en wacht ...

2 ... tot de keeper beweegt. Hij passeert links...

3 ... de keeper achter en heeft een schot voor open doel.

De keeper passeren

Check
- ⬤ **Zelfvertrouwen en bal-controle**
- ⬤ **Abrupt kunnen versnellen**
- ⬤ **Balcontrole aan de voet**
- ⬤ **Goed kunnen verhullen**

Een aanvaller oog in oog met de keeper, resulteert in een wonder-mooie redding van de keeper of in een schitterend doelpunt. De aanvaller wacht grote triomf of diepe teleur-stelling. Wiens droom is het niet om de keeper te omzeilen en de bal in de touwen te jagen? Maar zo'n actie vergt techniek, zelfvertrouwen en besluitvaardigheid.

Basis De laatste verdediger uitspelen

Om de keeper te kunnen passeren moet je leren op het doel af te komen en met schijnbewegingen te verhullen, welke kant je op gaat. Houd de bal aan je voet, want een goede keeper zal proberen je de bal te ontfutselen.

1 Beslis langs welke kant je wilt passeren. Probeer de tegenstand-ster uit balans te krijgen, of laat haar vergeefs naar de bal duiken, na een succesvolle schijnbeweging.

2 Je moet snel van richting veran-deren en versnellen langs de keepster. Zorg ervoor dat de bal bui-ten bereik van de keepster blijft.

3 Als je de keepster eenmaal voor-bij bent, zorg er dan voor dat je doel treft. Je hebt iedereen versla-gen, neem tijd om goed te richten.

Praktijk

Beslis langs welke kant je wilt pas-seren...

... ga erlangs zon-der de controle over de bal te ver-liezen...

... en speel de bal af naar een van je teamgenoten.

5 spelers vormen een cirkel op een speelveld van 10 x 10 m en ze spelen elkaar de bal toe. De keeper staat in het midden van de cirkel en draait steeds mee met de blik op de bal gericht. Als de trainer het teken geeft, dribbelt de speler met de bal langs de keeper. Als de keeper is gepasseerd, wordt de bal naar de volgende spe-ler afgegeven. Zo gaat de bal de cirkel rond.

Het is belangrijk dat iedere speler teruggaat naar de rand van het speelveld, zodat de aan-vallende speler genoeg ruimte heeft om de kee-per te passeren.

Ingooi

Met een beetje inventiviteit is een ingooi heel wat meer dan alleen het terugbrengen van de bal in het spel. Een goed uitgevoerde ingooi op de vijandelijke helft kan een machtig aanvalswapen zijn. Daarom is oefening op het ingooien vanuit verschillende posities onontbeerlijk.

Aanvalswapen

Het maximale uit een ingooi halen, vereist een goede basistechniek en scherp en intelligent anticiperen van de ontvangende spelers. Alleen zo kan ruimte worden gecreëerd en is het mogelijk een aanval op te zetten.

Trainer

- Concentreer je op de ingooi, gooi de bal naar voren en niet naar de grond.
- Doe of je ingooit en houd dan in om de verdedigers op het verkeerde been te zetten.
- Als je de bal ontvangt, wijs dan waar je de bal wilt krijgen, op je borst of voor je voeten, langs de lijn of opzij van je lichaam.

Techniek

Doe het goed

Een ingooi moet correct plaatsvinden, de bal moet vanachter het hoofd worden gegooid, anders is het een overtreding. Houd beide voeten aan de grond achter de lijn en gooi de bal naar voren, niet naar de grond. Ontvangers moeten aangeven dat ze de bal willen hebben en ook op welk gedeelte van hun lichaam.

Deze simpele ingooi is heel geschikt op de eigen helft, want een korte ingooi naar een medespeler levert geen gevaar op.

1 De bal moet achter je hoofd beginnen.

2 Beide voeten op de grond tijdens de ingooi.

3 Gooi bal naar voren, niet naar de grond. Maak het de ontvanger makkelijk, zorg dat de bal terechtkomt waar hij wil; hier voor de voeten van de ontvanger.

Praktijk

Op een speelveld van 15 x 15 m oefent 1 speler met 1 teamgenoot op correct ingooien. De ontvanger brengt de bal onder controle en speelt hem terug naar de speler die ingooit. Daarna is het tijd voor een iets complexere variatie die geschikt is om een directe verdediger af te schudden.

Check
○ Goede ingooitechniek
○ Kracht in het bovenlichaam
○ Inzicht bewegingen spelers
○ Tactisch begrip

1 Wijs waar je de bal wilt hebben, zodat je kunt wegdraaien.

2 Probeer of je een halve draai kunt maken, voordat je de bal aanneemt. Laat de bal kort opstuiten.

3 Draai in een vloeiende beweging verder, en breng de bal onder controle.

Gevorderden Bewegen om ruimte te maken

Bij deze ingooitechniek rennen 3 spelers naar voren en trekken ze hun mandekkers mee, zodat ruimte ontstaat. Een aanvaller draait zich plotseling om, weg van de speler die ingooit. De 2 andere spelers rennen langs de zijlijn om de tegenstanders te verwarren.

Aanvaller B schudt de mandekker van zich af en rent langs de zijlijn (inzetje). De speler die ingooit, zorgt ervoor dat de bal in de baan van de speler terechtkomt. De aanval is begonnen.

1 Aanvaller A rent naar de speler die ingooit en draait 180 graden.
2 Aanvallers B en C rennen parallel aan de zijlijn.
3 Er wordt ingegooid naar speler B.

Baan van de speler
Baan van de bal

Directe vrije schoppen

En directe vrije schop wordt toegekend bij een grove overtreding. Minder ernstige overtredingen hebben vaak een indirecte vrije schop tot gevolg. Vanuit een directe vrije schop kan in een keer worden gescoord, zorg voor een vrijetrapspecialist in het team. Het hangt van de positie van de keeper en van de opstelling van de muur af, hoe de bal het doel in wordt gedraaid.

Check
- Accuratesse en timing
- Effect geven aan de bal
- Kracht
- Zelfvertrouwen

Basis   Kies het juiste schot

Een directe vrije schop aan de rand van het 16m-gebied, kan op de volgende manieren worden ingeschoten.

(1) Draai de bal langs de muur en richt op de eerste paal.

(2) Stift de bal over de muur met voldoende neerwaartse kracht.

(3) Schiet de bal laag langs de muur.

(4) Draai de bal langs de muur in de uiterste hoek van de tweede paal.

(5) Geef de bal af aan een teamgenoot die een betere positie heeft. Oefen dit tijdens de training.

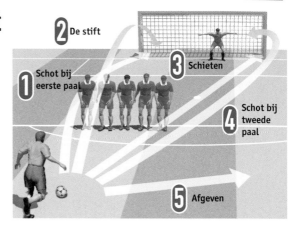

2 De stift
1 Schot bij eerste paal
3 Schieten
4 Schot bij tweede paal
5 Afgeven

Techniek   Draaien met voldoende kracht

Het basisschot (nummer 4 van de bovenste afbeelding) wordt genomen met de binnenkant van de voet. Zorg ervoor dat de bal genoeg kracht en snelheid meekrijgt, zodat de keeper er niet bij kan, ook al verwacht hij de bal in deze hoek.

Houd je ogen gericht op de bal, blijf in balans en zet je standbeen naast de bal.

Als je dit onder de knie hebt, kun je gaan oefenen op het indraaien van de bal langs een muurtje van teamgenoten. Oefen zowel met links als rechts, zodat je met beide voeten kunt schieten.

1 Nader de bal van de zijkant, zodat je krachtiger kunt schieten.

2 Krul je voet een beetje rond de bal. Raak de buitenkant van de bal met de binnenkant van je voet.

3 Wijs de bal met je trapbeen na, dan weet je zeker dat je de trap juist hebt uitgevoerd.

Indirecte vrije schoppen

Check
- Organisatie
- Fantasie
- Besluitvaardigheid
- Veel oefenen op het trainingsveld

Een indirecte vrije schop wordt toe-gekend bij lichte overtredingen, zoals obstructie of gevaarlijk spel. Het is niet toegestaan in een keer op het doel te schieten; daarvoor moeten minimaal 2 spelers de bal hebben aange-raakt.

Houd het simpel, dat is de enige manier om het goed te laten aflopen.

Basis   Op naar het doel

Zorg ervoor dat jullie voor de wedstrijd goed hebben geoefend op alle variaties van de indirecte vrije schop. Hieronder zie je 3 mogelijkheden, maar je bent natuurlijk vrij om te experimenteren. Zorg er in ieder geval voor dat er 2 mensen bij de bal staan. Als de muur niet goed staat, kan een speler de bal met een kort tikje naar z'n medespeler spelen en zo de muur omzeilen.

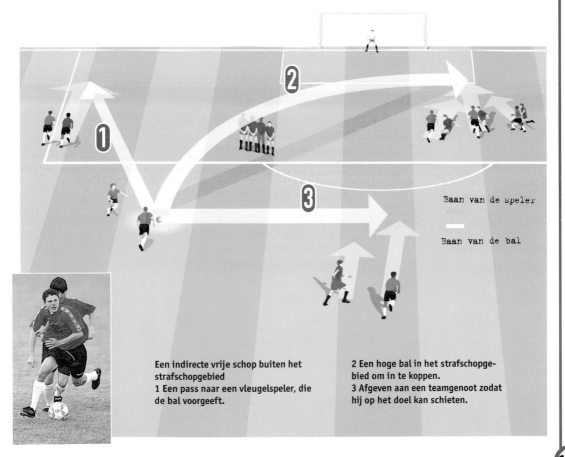

Baan van de speler

Baan van de bal

Een indirecte vrije schop buiten het strafschopgebied
1 Een pass naar een vleugelspeler, die de bal voorgeeft.

2 Een hoge bal in het strafschopge-bied om in te koppen.
3 Afgeven aan een teamgenoot zodat hij op het doel kan schieten.

De indraaiende corner

en indraaiende bal met de juiste snelheid en voldoende effect vanaf de cornervlag is moeilijk te bespelen. De bal draait richting doel en vliegt met een kort tikje in de touwen, waardoor de keeper weinig kans heeft te reageren.

Kies een linksbenige speler voor een corner vanaf links en een rechtsbenige voor een corner vanaf de andere kant.

Check
- Goed voorgeven
- Vrijlopen
- Kopkracht
- Teamcoördinatie

Basis — Korte draai of lange draai

De speler die de corner neemt, moet voorkomen dat de bal in de handen van de keeper belandt. Hij moet er dus voor zorgen dat de bal niet in de 6m-zone, direct voor het doel valt. Er zijn 3 zones waarbinnen de bal het beste terecht kan komen. Als de bal richting tweede paal gaat, moet de corner hoog genoeg zijn om over de verdediging te zeilen.

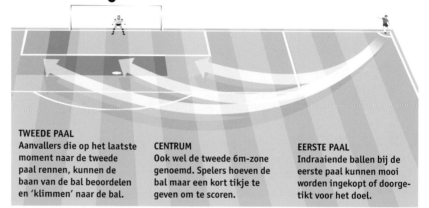

TWEEDE PAAL
Aanvallers die op het laatste moment naar de tweede paal rennen, kunnen de baan van de bal beoordelen en 'klimmen' naar de bal.

CENTRUM
Ook wel de tweede 6m-zone genoemd. Spelers hoeven de bal maar een kort tikje te geven om te scoren.

EERSTE PAAL
Indraaiende ballen bij de eerste paal kunnen mooi worden ingekopt of doorgetikt voor het doel.

Praktijk

De inswinger bij de eerste paal vereist een onfeilbaar balgevoel, tijdig inkomen en kopkracht. In deze oefening spelen 7 aanvallers tegen 7 verdedigers en 1 keeper. De aanvallers in het 16m-gebied moeten steeds wegspurten om los te komen van hun mandekkers.

1 De cornerspecialist seint bal bij eerste paal.

2 Hij geeft de bal voldoende snelheid en effect mee, zodat de bal bij de eerste paal belandt.

3 De aanvallers gaan de bal agressief te lijf.

Corner bij de eerste paal

De bal voorgeven bij de eerste paal is een van de mooiste cornertechnieken. Een snelle corner op hoofdhoogte van je medespelers

brengt iedere verdediging in verwarring. Als de keeper van zijn lijn komt, is het doel bovendien onbewaakt.

Check
- ○ Bal met juiste snelheid
- ○ Scherpe bewegingen
- ○ Goed getimede sprints

Basis Geef aan waar de bal komt

Al voordat de corner is genomen kun je de verdedigers op het verkeerde been zetten. Een corner kan op verschillende manieren worden genomen. Het team weet precies wat het kan verwachten; de tegenstander heeft

geen idee. Plaats 2 aanvallers bij de cornervlag zodat de tegenstanders niet weten of de bal met links of rechts wordt voorgegeven.

1 Aanvaller A steekt zijn arm op, het sein dat B de bal naar de eerste paal schiet. (Een kort trekje aan het oor zou kunnen betekenen dat de bal bij de tweede paal belandt.)

2 Beide aanvallers komen op de bal af om de verdediging te misleiden, maar aanvaller A dreigt alleen maar.

3 Aanvaller B speelt de bal met zijn rechtervoet, wat een wegdraaiende bal bij de eerste paal tot gevolg heeft.

Praktijk

Een doorkopbal bij de eerste paal is vaak succesvoller dan een kopbal direct op het doel.

Het doorspelen van de bal kan zowel verdediging als keeper op het verkeerde been zetten, zodat de bal voor open doel belandt.

Als een doorkopbal van tevoren wordt aangegeven, kunnen je medespelers zich alvast voorbereiden.

1 De cornerspecialist (A) heeft aangegeven dat hij richt op de eerste paal en dat de bal doorgekopt kan worden.

2 De aanvaller (B) voor wie de bal was bedoeld, kopt de bal door over de mandekker heen, meteen in het doelgebied.

3 De keeper en verdediging zijn in verwarring gebracht, en de tweede aanvaller (C) kopt de doorgekopte bal in het doel.

Verdedigen bij corners

Check
- Goede concentratie
- Intelligente organisatie
- Oplettendheid
- Snelle reactie
- Kopkracht

Uit corners vloeien vaak doelpunten voort, maar een goede verdediging kan ze op verschillende manieren verijdelen. Een harde kopbal uit de verdediging of een hard schot van de keeper kan zelfs resulteren in een supersnelle counter. Verdedigen bij corners heeft alles te maken met een goede organisatie, waarin iedere verdediger zich van zijn taak kwijt.

Basis Organiseren en concentreren

Er zijn een paar details die de verdediging bij corners in het oog moet houden. Zo moet druk worden uitgeoefend op de cornerspecialist, zodat deze niet ongehinderd kan indraaien. Ten tweede moeten bij beide palen verdedigers staan om de keeper te assisteren en ten derde moet de keeper alle ruimte krijgen om de bal te grijpen of hem weg te stompen over de hoofden van de aanvallers.

DRUK UITOEFENEN
Verdediger oefent druk uit op cornerspecialist. Hij moet 10 m afstand houden, maar kan opspringen en bal proberen te blokkeren.

BESCHERM DOELGEBIED
2 spelers bij iedere paal beschermen de doellijn en fungeren als tweede verdedigingslinie achter de keeper.

NEEM INITIATIEF
De keeper mag niet twijfelen als de bal in het doelgebied komt.

Praktijk

Er zijn 2 manieren om bij corners te verdedigen, man tegen man of zoneverdediging. De meeste teams spelen man tegen man, dus ze hebben 1 verdediger op iedere aanvaller. Bij de zoneverdediging is iedere verdediger verantwoordelijk voor een gedeelte van het 16m-gebied.

Het doel van deze oefening is beide verdedigingstechnieken te oefenen. Zorg voor evenveel aanvallers als verdedigers. Het aanvallende team moet de corners variëren: indraaiende ballen, ballen die van het doel wegdraaien en ballen die bij de eerste of tweede paal belanden.

MAN-TEGEN-MANVERDEDIGING
Iedere rode verdediger neemt een aanvaller voor zijn rekening en zorgt ervoor dat hij tussen de aanvaller en het doel blijft staan en de inkomende bal kan veroveren.

ZONEVERDEDIGING
Iedere rode verdediger moet een zone van 3 m voor hem verdedigen. De zoneverdedigers blijven in positie tot de bal in hun zone terechtkomt.

Het nemen van penalty's

S cheidsrechters geven een penalty na een overtreding in het 16m-gebied, meestal met als doel een scoringskans om zeep te helpen. Wedstrijden worden vaak beslist door penalty's, dus het is van groot belang er extra op te trainen, ook voor keepers! Penalty's behoren verzilverd te worden.

Check
○ Rustig blijven onder druk
○ Besluitvaardigheid
○ Zelfvertrouwen
○ Accurate passing
○ Krachtig schieten

Basis   Maak een keuze

V oordat je een penalty neemt, moet je beslissen of je op kracht of subtiel gaat schieten. Als je goed kunt passen, is een scherp geplaatste bal in de uiterste hoek een goede keuze.

Probeer te mikken op de gele zone, de paarse zone ligt buiten het bereik van de keeper, maar de kans bestaat dat de bal naast of over gaat. Een krachtig schot moet in de lichtoranje zone belanden.

Riskante ballen, maar onhoudbaar als ze goed zijn gespeeld

De meeste keepers worden in deze zone verslagen op kracht

Voor perfect geplaatste ballen

Vermijd het centrum van het doel

Praktijk

O efen op een normaal doel met een teamgenoot. Stel je bij iedere penalty voor dat deze bal de wedstrijd beslist. Plaats de ballen scherp, maar schiet ook hard.

Beslis welke variant je het beste ligt. Zelfvertrouwen is van doorslaggevend belang; als je bang bent dat je zult missen, dan gebeurt dat waarschijnlijk ook.

Geplaatste bal

Gebruik de zijkant van je voet voor een geplaatste bal. Zo blijft de bal laag en zuiver.

Krachtig schot

Raak de bal hard met de instap, langs de veters.

Deel 3

FITNESS

Leer een goede warming-up, vergroot je kracht en
verbeter je uithoudingsvermogen.

Goede en slechte oefening

Blessures hebben gevolgen voor de opstelling en kunnen daarom wedstrijden of zelfs kampioenschappen beslissend beïnvloeden. Een slepende blessure kan een voetbalcarrière ruïneren. Goede conditietraining helpt blessures voorkomen en versnelt het herstel van blessures. Andersom kan een slechte training blessures juist veroorzaken.

Gebruik je verstand

Sommige oefeningen die jarenlang deel uitmaakten van de training, staan tegenwoordig te boek als zeer riskant. Gezond verstand is zoals meestal ook in dit geval een goede gids. Elke oefening waarbij de gewrichten te ver of tegen hun natuurlijke richting in worden gebogen, is bijvoorbeeld uit den boze.

Trainer

- Zorg altijd voor een goede warming-up en cooling-down. Beide verminderen de kans op spierblessures enorm.
- Hervat na een blessure de training niet te snel om ernstige kwetsuren te voorkomen. Wacht tot je helemaal hersteld bent voor je weer begint.
- Ken je grenzen en wees niet te fanatiek.

Basis   Leer de basisregels

Het is schrikbarend hoeveel gevaarlijke en blessuregevoelige oefeningen er nog steeds bij voetbaltrainingen worden gedaan. Als je eenmaal inziet waarom sommige rek- en andere oefeningen slecht zijn, zul je andere riskante oefeningen gemakkelijker herkennen. Als je twijfelt, kun je een bepaalde oefening het beste links laten liggen.

🎧 DE KONIJNENSPRONG

Konijnensprongen zijn bedoeld om een explosieve kracht in de benen te ontwikkelen. Als ze slecht worden uitgevoerd, bestaat het risico van beschadigde knieschijven. Zet nooit op je tenen af; zorg ervoor dat je knieën een grotere hoek dan 90 graden maken; zet af op je voetzolen, gooi je armen tijdens de sprong omhoog en land wederom op je voetzolen.

Check
- Sterke, soepele gewrichten
- Explosief rennen
- Uithoudingsvermogen

◔ DE WINDMOLEN

Deze oefening dient om de been- en buikspieren te rekken. Het is slecht voor je rug om de oefening voorovergebogen met zwaaiende armen uit te voeren. Ga zitten en beweeg je armen langzaam, zodat je ruggengraat goede steun heeft.

◔ DE HORDE

De klassieke horderekoefening met een been achter je is een oefening die je kniebanden te zwaar belast. Plaats je been daarom voor je, tegen je gestrekte been aan. Buig naar voren vanuit je middel naar je enkel om je hamstring te rekken.

◔ REKKEN VAN DE RUGGENGRAAT

De rekoefening met de ruggen tegen elkaar kan de wervels beschadigen. Bij deze, veiliger, oefening rechtop zorgt het gewicht van de benen ervoor dat de ruggengraat naar beneden wordt getrokken, wat de flexibiliteit stimuleert.

Lichamelijke activiteit

Omdat voetbal een contactsport is, zijn blessures onvermijdelijk. Geblesseerde spelers hebben meestal problemen met een van de afgebeelde lichaamsdelen.

Nek
De nekwervels kunnen beschadigen door een zware of ongelukkige val. Meestal zijn het de doelverdedigers die hier het meeste last van hebben.

Onderrug
De onderrug is vooral gevoelig voor de gevolgen van tackles en hardlopen.

Lies
De liesbanden kunnen scheuren, maar de konijnensprong maakt het been sterker, waardoor blessures minder snel zullen voorkomen.

Hamstring
Deze spier scheurt gemakkelijk. De horderekoefening voorkomt in de cooling-down na training veel schade.

Enkel
Dit gewricht heeft vooral te lijden van tackles.

Knie
Dit complexe en gevoelige gewricht wordt zwaar belast door tackles en rennen.

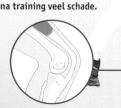

Vooraf en erna

Wedstrijden worden gewonnen of verloren in de warming-up. Als de scheidsrechter het startsein heeft gegeven, zullen spelers rennen om te tackelen, spurten ze om een vooruit getrapte bal te halen of om de bal boven een aanvaller weg te koppen. Dit kunnen ze alleen na een goede warming-up.

Na de wedstrijd
Het is belangrijk om zware lichamelijke inspanningen goed af te bouwen. Lichte oefeningen helpen het lichaam zich te herstellen en voorkomen spierpijn en stijfheid. Op lange termijn betekent dit minder blessures en fittere spelers.

Trainer
● Goede warming-ups en cooling-downs verminderen het aantal blessures.
● Oefeningen in flexibiliteit zijn goed voor je prestatie in zijn geheel.

Check
○ Zelfdiscipline
○ Geduld
○ Concentratie
○ Positieve houding

Basis   Begin en eindig licht

De eerste twee onderdelen van de warming-up bereiden je voor op actie en helpen je later te herstellen.

Het eerste onderdeel zorgt voor de beweeglijkheid. De tweede fase bestaat uit 5 minuten aerobicoefeningen die de bloedsomloop stimuleren en de temperatuur van de spieren verhoogt – essentieel om blessures te voorkomen.

Bij de cooling-down helpen deze oefeningen de spieren sneller te herstellen.

GEWRICHTEN BEWEGEN
Begin met langzame draaibewegingen van de gewrichten, eerst in de ene richting, dan in de tegenovergestelde: begin met de enkels, dan knieën, heupen (boven), polsen, ellebogen en schouders. De nek moet alleen in halve cirkels worden gedraaid. Dit maakt de gewrichten soepel.

LICHTE AEROBICOEFENINGEN
Ga dan over op lichte aerobicoefeningen: joggen, passeer- en zigzagbewegingen als de *carioca*, zo genoemd omdat ze de flexibiliteit stimuleren. Loop in tempo zijwaarts langs een lijn door een been achter en dan voor je te zetten (zie de afbeelding).

Lichamelijke activiteit

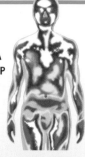

⊂ **LICHAAM IN RUST**

⊃ **LICHAAM NA WARMING-UP**

Deze thermograaf laat zien hoe de warming-up de lichaamstemperatuur beïnvloedt

- ● **Lichaam warm**
- ● **Geestelijk alert**
- ● **Longen werken harder**
- ● **Snellere hartslag**
- ● **Spieren warm en ontspannen**

Tijdens warming-up en cooling-down ondergaat het lichaam belangrijke veranderingen. Ze stellen de spieren in staat om de zware inspanning tijdens de wedstrijd te verrichten en nadien te herstellen. Deze tijdbalk laat zien hoe je je optimaal voorbereidt en zo snel mogelijk herstelt.

Warm-up | *Cool-down*

| 2 min. bewegen gewrichten (links) | 5 min. lichte aerobics (links) | 3 min. rekoefeningen (onder) | 5 min. snelle looppas | 10 min. springen koppen schieten | 5 min. klaar voor de wedstrijd | Wedstrijd | 5 min. lichte aerobics | 10 min. statische rekoefeningen | 3 min. benen in de lucht | 10 min. lauw(e) douche of bad |

Gevorderden   Snelheid voorbereiden

Het derde onderdeel van de warming-up bestaat uit dynamische rekoefeningen. Deze bevorderen de coördinatie en de snelheid doordat de zenuwbanen worden voorbereid op de snelle bewegingen die in de training of de wedstrijd voorkomen.

Deze oefeningen voor het onder- en bovenlichaam verbeteren de prestatie van de spieren die in een wed-strijd het meest te verduren hebben: hamstrings, liezen, rug, borstkas en schouders. Deze spiergroepen worden gebruikt bij het sprinten, schieten en tackelen en zijn onontbeerlijk voor de balans en het snel wenden. De rekoefeningen zorgen er ook voor dat het hart en de longen efficiënter kunnen werken. Doe ze ongeveer 3 minuten.

1 Sta rechtop met het hoofd stil. Strek een arm naast je lichaam en zwaai je been op om de hand te bereiken. Leun op medespeler om je evenwicht te bewaren.

2 Sta stil. Houd je armen recht voor je met gebogen ellebogen, een boven de andere. Zwaai de armen naar achteren en sla jezelf op de rug.

3 Sta rechtop, het hoofd stil. Houd een hand voor je. Beweeg je been niet naar achteren. Zwaai het been op om uitgestrekte hand aan te raken.

4 Sta stil. Houd je armen voor je, alsof je iemand omhelst. Sla ze dan naar achteren open zodat ze achter je terechtkomen.

Basisoefeningen

H et is van groot belang om de spieren voor een training of een wedstrijd goed te rekken. Zo worden blessures voorkomen en de prestatie verbeterd. Onderzoek heeft aangetoond dat iemand die stretchoefeningen heeft gedaan sneller rent, hoger springt en verder schiet dan een voetballer die zich niet heeft voorbereid. Probeer bij de oefeningen voor de wedstrijd zoveel mogelijk spieren bij de warming-up te betrekken. Besteed extra aandacht aan de benen.

Stretchoefening

Wanneer je een spier stretcht, moet je stoppen en de positie vasthouden zodra je voelt dat de spier onder spanning staat – rek hem nict verder. Houd die houding vijf tot tien seconden vast, en laat dan langzaam los. Schud de spier los zodat die weer ontspant en herhaal de rekoefening. Probeer nu of je iets verder kunt rekken, maar overbelast de spier niet.

Trainer

- Goede stretchoefeningen als onderdeel van de warming-up verbeteren de prestatie en verminderen het risico van allerlei blessures.
- Belast de spieren niet te zwaar. Houd goed in de gaten wanneer je moet stoppen.
- Vergeet niet de rekoefeningen te doen als onderdeel van de cooling-down.

Basis Zet je schrap

D e kuitspier is erg belangrijk voor een voetballer.

Zet je schrap tegen een medespeler (rechts) of een muur om de kuitspier te stretchen. Buig naar voren met een been voor je. Strek het andere been achter je tot je een lichte druk op de kuitspier voelt. Houd dit ongeveer 10 seconden vol.

⤳ KUITSPIER
Probeer je hiel op de grond te houden, maar forceer niets.

Check
- Sterke, soepele gewrichten
- Algehele prestatie
- Geduld
- Gezond verstand

Flexibiliteit

Draai je enkels

De enkel is een com-
plex deel van het
lichaam, en helaas bete-
kent dit dat er veel din-
gen zijn die niet goed
zijn voor de enkel.

Vergroot met deze
eenvoudige oefening
(rechts) de flexibiliteit
en kracht van je enkels.
Sta op een been (leun
eventueel op een mede-
speler) en houd het
andere been gestrekt
voor je. Draai je voet in
een langzame cirkelbe-
weging, eerst met de wij-
zers van de klok mee,
daarna in tegenoverge-
stelde richting.

⊂ ENKELBANDEN
Zorg ervoor dat je de
bewegingen langzaam en
soepel uitvoert, want ruk-
bewegingen belasten de
enkels onnodig.

Gevorderden

Het stretchen van de lies

De lies is erg blessurege-
voelig. Goede stretch-
oefeningen verminderen dit
risico aanzienlijk, maar ze
verbeteren ook je mobili-
teit.

Ga op de grond zitten
met gebogen knieën en
leun op je handen achter je
lichaam. Duw een been
langzaam naar binnen en
naar voren tot je langs je
dij een lichte spanning
voelt. Houd deze positie 5
tot 10 seconden aan en
ontspan het been dan
geleidelijk. Doe deze oefening 5 keer met elk been.

Oefeningen voor bovenbeen en heup

Check
- Sneller sprinten
- Flexibeler preste-ren
- Efficiënt tackelen
- Een betere balans

Flexibiliteit en beweeglijkheid in het bovenbeen zijn onmisbaar voor snelheid en techniek. Vanaf je achtste levensjaar verlies je aan natuurlijke beweeglijkheid en flexibiliteit, daarom moeten alle voetballers eraan werken.

Beweeglijkheid houdt de hoeveelheid beweging in die de gewrichten aankunnen, flexibiliteit is de rekbaarheid van de spieren tijdens het lopen.

Flexibiliteit — De benen stretchen

Flexibiliteitsoefeningen zorgen ervoor dat de spieren zich verder uit kunnen rekken, waardoor de beweging verbetert. De hier getoonde oefeningen zijn het uitrekken van de hamstrings, de dijspieren (quadriceps) en bilspieren (gluteus). Rek elk been evenveel uit.

Warm eerst op door 5 minuten te joggen, voer de oefeningen dan langzaam en licht uit. Houd elke positie zo'n 30-60 seconden aan. Stop als je pijn voelt.

HAMSTRING STRETCHEN
Strek een been voor je uit. Plaats je handen aan weerszijden van de dij en leun iets naar achteren. Herhaal dit met het andere been.

DIJ STRETCHEN
Balanceer op een been, de knie lichtgebogen. Trek het andere been achter je en houd de voet vast. Herhaal dit met je andere been.

BILSPIEREN STRETCHEN
Leg een been over het andere. Duw het liggende been met het dragende been naar de borstkas. Herhaal met andere been.

Beweeglijkheid — De heupen draaien

Een goede beweeglijkheid van het heupgewricht is essentieel voor het sprinten, tackelen en keren. Vraag eventueel een vriend om je te helpen je evenwicht te bewaren bij het uitvoeren van de volgende oefeningen.

1 Houd je bovenlichaam stil, zwaai een been zo ver mogelijk naar een kant...

2 ... zwaai het been dan zo ver mogelijk voor je lichaam langs. Herhaal dit vijf keer en doe hetzelfde met je andere been.

1 Houd je bovenlichaam stil, draai je knie in een hoek van 90 graden en til het been achter je op ...

2 ... zwaai het been voor je uit, maar houd je knie gebogen. Herhaal dit vijf keer met elk been.

Het stretchen van de romp

Check
- Geef richting en snelheid aan je kopballen
- Oefen lange ingooien
- Keepers kunnen naar de bal duiken

De romp is het centrum van kracht en beweging. Flexibiliteit in dit gebied zijn onontbeerlijk voor alle spelers op het veld. Als een aanvaller een sprong maakt om in het straf-schopgebied te koppen of de doelman springt omhoog om een schot in de boven-hoek te stoppen, dan geeft het vermogen om de romp in de lucht te draaien en uit-rekken net dat kleine beetje extra.

Flexibiliteit Voor-, achter- en zijkant stretchen

Met deze oefeningen rek je de spieren aan de voorkant, de rug en de zij-kant van je romp. Het is voor alle voetballers belangrijk om deze spieren te verlengen en elastischer te maken, vooral na kracht-training, die de spieren verkort.

⊙ BUIKSTRETCH
Ga op je rug liggen en rek je zo ver mogelijk uit. Duw je tenen naar voren en strek je vingers. Houd deze positie 30 seconden aan.

⊙ RUGSTRETCH
Zak iets door je knieën. Buig voorover en laat je hoofd langzaam zakken – beweeg niet abrupt – en laat je armen neerhan-gen. Houd deze positie 30 seconden aan.

⊙ ZIJWAARTSE STRETCH
Steek een arm in de lucht en laat de hand van je andere arm langzaam naar beneden glijden terwijl je buigt. Stop meteen als dat pijn doet. Houd je heupen stil en verdeel je gewicht gelijkmatig over beide voeten.

Beweeglijkheid Geef de oefening ruggengraat

Deze oefeningen verbeteren de beweeglijkheid van de gewrichten en wervels van het midden en het onderste deel van de ruggengraat. De eerste oefening is goed voor het vermogen om zijwaarts te buigen. De tweede oefening stelt je beter in staat om met je heup te draaien. Doe elke oefening 30 seconden tot een minuut per keer.

⊂ Buig langzaam van zijkant naar zijkant met je armen in de lucht, houd je heupen stil.

⊃ Houd je heupen stil en draai geleidelijk vanuit de heup. Beweeg je romp heen en weer.

Verbeter je snelheid

O f je nu 5 of 50 meter rent, snelheid is cruciaal bij voetbal. In een
spurt om de bal tussen aanvaller
en verdediger is de snelheid doorslaggevend voor het veroveren van de
bal. Bij een counter moeten de spelers zo
hard als ze kunnen over bijna het hele
veld rennen.

Check
○ Goed renvermogen
○ Spierkracht
○ Vastberadenheid

Basis   Perfectioneer de looptechniek

O m je snelheid te verbe-
teren is het belangrijk
om de juiste techniek te
gebruiken. Oefen de tech-
niek en houd de effec-
tiviteit op peil door het
hardlopen tijdens de training te timen: eerst over
25 m, dan over 50 m.
Vergeet niet eerst een
grondige warming-up te
doen, met extra aandacht
voor de beenspieren.

**Oefen de armbewegingen.
Houd je ellebogen gebogen
en beweeg je armen pom-
pend van oren tot heupen.
Begin langzaam en versnel
dan geleidelijk.**

**Til voor de beentechniek
elke knie op, zodat de dij
parallel is ten opzichte van
de grond. Zet daarna je
voet plat op de grond; voel
je noppen in het gras.**

**Breng oefening in praktijk
door op snelheid in de open
ruimten van een liggende
touwladder te stappen.**

Gevorderden   Op snelheid zijwaarts bewegen

T ijdens een wedstrijd is snel zijwaarts bewegen net zo
belangrijk als naar voren rennen. Oefen de zijwaartse
beweging door twee rijen met lage horden zo'n 3 meter
uit elkaar op te stellen. Ren naar de eerste horde van de
rechterrij en zet je rechtervoet eroverheen. Zet je af met

deze voet en ren naar de eerste horde van de linkerrij.
Zigzag op deze wijze de hele rij af. Probeer je pas te
variëren: versnel bijvoorbeeld bij de rechterrij en houd
de pas in bij de linkerrij.

**Ren naar de
eerste horde,
plant je voet
over de horde
op de grond.**

**Zet je af met
deze voet en
spurt naar de
volgende horde.**

**Herhaal de han-
deling bij de
volgende
horde.**

Sprintoefeningen

Check
- Schud tegenstander af
- Wees als eerste bij de bal
- Ren op passes
- Ren in de vrije ruimte
- Counter op snelheid
- Dek onmiddellijk opnieuw

In een wedstrijd zal het vaak voorkomen dat twee man om de bal sprinten. Iedere speler kan zijn snelheid verbeteren door aan techniek, kracht, uithoudingsvermogen en explosiviteit te werken. Om sneller in een wedstrijd te kunnen sprinten, en de bal dus vaker te veroveren, moet je in de training de techniek hiervoor leren.

Basis   Trek je knieën hoog op

Loop met hoog opgetrokken knieën. Breng markeringen aan op het veld als op de afbeelding hiernaast. Zet in de eerste 4 m zoveel mogelijk stappen met hoog opgetrokken knieën. Sprint zodra je de eerste markering bereikt de laatste 15 meter.

Probeer het ritme van de hoog opgetrokken knieën tijdens het sprintgedeelte vol te houden. Duw je ellebogen naar achteren om je loop te versnellen.

Beweeg je benen snel tijdens de sprint. Relax en probeer je bovenlichaam rechtop te houden.

4 m   15 m

Gevorderden   Erachteraan

'Tikkertje' is leuk en ideaal om een explosieve snelheid op te bouwen. In deze oefening voor 4 personen moeten de staande spelers hun medespelers, die 3 meter verderop zitten of liggen, aantikken voordat ze mogen opspringen om naar de finish, 10 meter verderop, te rennen. Alle sprinters starten op hetzelfde moment. De spelers op de grond moeten in één beweging in een startpositie springen en hun beste been naar voren duwen. Ze moeten al wegsprinten voordat ze zich helemaal hebben opgericht, zoals een sprinter die uit de startblokken schiet op de 100 m. De achtervolgers moet zich concentreren op een snelle start en goede techniek. Als ze zich te veel concentreren op de speler voor hen, dan verliezen ze snelheid.

1 De staande spelers moeten op hun teamgenoten 3 m goed zien te maken.

2 Alle sprinters starten tegelijkertijd. De finish ligt 10 m verderop.

Gebruik je topsnelheid

I n modern voetbal is het heel belangrijk dat je weet wanneer je moet ontspannen en of je topsnelheid moet
gebruiken. De opkomst van het countervoetbal betekent dat lange sprints vaak
voorkomen, snelle spelers zijn in het voordeel. Zelfs de keeper moet snelheid ontwikkelen. Soms moet hij het doelgebied uit
om de bal weg te schieten, en als de blik-
sem terugkeren naar zijn doel.

Check
○ Explosief sprinten
○ Snel terugtrekken
○ Achter verre ballen aan
○ Positie aannemen na weg-
schieten van de bal buiten
het doelgebied

Basis   Probeer 'cruise control'

Zelfs op topsnelheid is ontspanning cruciaal om sneller
te kunnen rennen. In de 'uit-
schakel'-oefening versnel je je
pas geleidelijk en probeer je je
topsnelheid te bereiken op de
10m-markering. Dan stop je met
versnellen, maar gebruik je je
armen en benen voor de volgende 20 m. Verrassend genoeg
ga je nauwelijks langzamer. Je
zult nog steeds hard lopen, zonder echte inspanning.

**Deze oefening geeft
een opmerkelijke
sensatie: het blijkt
dat je op topsnel-
heid prima kunt
ontspannen.**

| 0 m | Power aan | 10 m | Ontspannen | 30 m |

Praktijk

20 m
10 m
20 m

Ontspannen blijven en een goede sprinttechniek hanteren zijn
onontbeerlijk voor de topsnelheid.

De spelers 'glijden' door
de middelste zone,
komen op volle
snelheid en ver-
snellen tijdens
de laatste 20 m.

Deze oefening van 20m - 10m - 20m werkt volgens
het principe van ontspanning om maximale snelheid
te bereiken voor de vele lange sprints in een wedstrijd.
Het eerste stuk van 20 m wordt gewoon hardgelo-
pen, het middelste gedeelte wordt uitgevoerd als 'ont-
spanningssprint' op snelheid. De laatste 20 m starten
de spelers de 'motor' weliswaar opnieuw
maar ze blijven ontspannen.
Versnellen na het ontspannen rennen kan
net dat beetje extra snelheid opleveren
dat tegenstanders uit het veld slaat.

Techniek op snelheid

Check
○ **Dribbelen**
○ **Balcontrole**
○ **Passing**
○ **Scherpte**
○ **Balans**

Voetbal krijgt een steeds hoger tempo. Op een hoger niveau heb je minder tijd aan de bal, minder tijd om hem te controleren en minder tijd om te schieten. Het moeilijkst is het tempo te beoordelen tijdens een wedstrijd. De vereiste techniek in elke wedstrijd, van keerbewegingen tot volleys, vereist balans, coördinatie en oplettendheid, vaak op volle snelheid.

Basis   Dribbel door gevarenzone

Deze oefening bevordert je balcontrole. Het is de bedoeling om controle over de bal te houden en de andere spelers uit de weg te gaan.

De spelers vormen een rij van 2 of meer personen op elke hoek van een speelveld van 10 x 10 m. 2 spelers dribbelen diagonaal naar hun tegenoverliggende hoek, waar de wachtende speler de bal overneemt en terugdribbelt. Als de bal wegrolt, pak je hem op en speel je verder.

De dribbelaars moeten elkaar bij het kruisen zien te vermijden.

10 m

De spelers wachten in iedere hoek op de bal, zodat ze diagonaal weer terug kunnen dribbelen.

10 m

Baan van spelers met bal

Gevorderden   Rennen, passen en keren

Deze oefening test of je je snel herstelt na een desoriënterende draai om de bal aan te nemen en te passen.

Op elke hoek van een veld van 10 x 10 m stellen zich spelers op; 4 spelers staan in het vierkant. De spelers lopen langs de lijn van het vierkant, nemen de bal aan en schieten hem terug, draaien bij de volgende hoek 360 graden en herhalen dit langs elke zijde van het vierkant. Bereikt een speler de eerste hoek, dan begint de volgende.

1 Loop langs de lijn. Neem halverwege de bal aan van een speler in het midden en pass terug.

2 Draai bij de volgende hoek 360 graden en ren verder om de volgende pass aan te nemen.

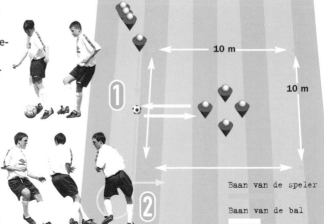

10 m

10 m

① ②

Baan van de speler

Baan van de bal

Verbeter je stamina

O m een hele wedstrijd optimaal te presteren is een groot uithoudingsvermogen essentieel. Uithoudingsvermogen of stamina is vooral belangrijk in het laatste kwartier van de wedstrijd, waarin meestal de beslissing valt.

Check
- Tegenstanders onder druk
- Sprintjes trekken
- Prestatie over de hele wedstrijd

Basis   Train je hart

J e kunt uithoudingsvermogen kweken door in een regelmatig tempo te rennen tot je buiten adem raakt. Maak de training leuker met een bal en een dribbelcircuit, zoals rechts afgebeeld. Kies een willekeurig circuit, maar maak het groot genoeg voor een flinke training. Het idee erachter is om het hart minimaal 15 minuten sneller te laten kloppen. Vergeet niet eerst een warming-up te doen.

In deze oefening rennen de spelers vanaf de rode markeringen naar de rechterbovenhoek. Ze zigzaggen tussen de gele markeringen door, nemen een bal aan en dribbelen over de blauwe markeringen weer terug.

Gevorderden   Train als een team

2 Zigzag tussen de gele markeringen door.

3 Ren over het laatste stuk terwijl je de bal kopt en vangt.

1 Gebruik de bal van je voet bij stapoefeningen over de horden.

I n teamverband het uithoudingsvermogen trainen is veel leuker. Deze oefening voor gevorderden vindt plaats langs een speelveld van 20 x 10 m. Op het circuit staan horden, markeringen om tussen te zigzaggen en tot slot wordt een oefening gehouden in koppen en opvangen (links).

Probeer de persoon achter je altijd voor te blijven en ga door zo lang als je kunt. Probeer een ander circuit als je op adem bent gekomen. Noteer na elke training je beste tijd, zodat je de volgende keer jezelf kunt overtreffen.

Krachtoefeningen

Kracht is voor iedere speler onontbeerlijk, van doelverdedigers die ballen van 150 km/u op zich af zien komen tot aanvallers en verdedigers die schouder aan schouder om de bal vechten. Kracht is te verbeteren en kan zeer veel aan je spel verbeteren.

Check
○ Afschermen van de bal
○ Tackelen
○ Strijden om de bal
○ Harde schoten stoppen

Basis — Bouw meer kracht op in je hele lichaam

Je totale lichaamskracht neemt toe door deze drie oefeningen te combineren. Opdrukoefeningen versterken de spieren van armen, schouders en buik. Step-ups zijn goed voor de hamstrings, quadriceps en dijspieren. Kniebuigingen stimuleren de been-, rug- en buikspieren.

Het enige wat je nodig hebt, is een stevige doos. Bouw elke oefening geleidelijk op tot driemaal 10 keer.

⌒ OPDRUKKEN
Houd je hoofd omhoog en je lichaam recht als je naar de grond beweegt. Adem in terwijl je naar beneden gaat en uit als je omhoogkomt. Herhaal dit vijf keer.

⌒ STEP-UPS
Zet een voet op de doos, stap er met de andere voet op en weer af. Doe dit 10 keer, wissel van voet en herhaal de oefening.

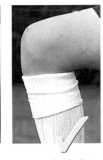

⌒ KNIEBUIGINGEN
Sta rechtop en zak langzaam op je hurken met uitgestrekte armen. Ga langzaam weer omhoog. Herhaal dit 10 keer.

Veiligheid ✚

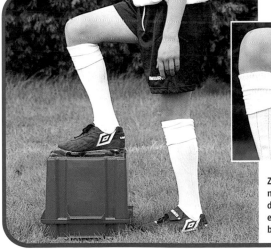

Zorg er bij step-ups voor dat de doos niet te hoog is en je knieën niet meer dan 90 graden buigen. Zak niet onder een hoek van 90 graden met je benen.

Het kniegewricht zit gecompliceerd in elkaar en kan gemakkelijk worden beschadigd. Dit is vooral het geval tijdens perioden van sterke lichaamsgroei, als de botten snel groeien en spieren en pezen strakker komen te staan.

Het gewricht moet niet bekneld worden tijdens oefeningen waarbij de knie wordt gebogen (niet verder dan 90 graden).

Werk aan explosieve kracht

xplosieve kracht verschilt van gewone kracht omdat er snelheid bij komt kijken. 'Power' zit in de armen en benen.

Training van explosieve kracht betaalt zich bij elke wedstrijd terug en zal je prestaties enorm verbeteren, op welke plek je ook speelt en of het nu gaat om ingooien, draaien, schieten, sprinten of springen.

Check
- Schieten
- Springen
- Koppen
- Uittrappen
- Ingooien
- Sprinten

Basis Werpoefeningen

In deze oefening wordt een kleine zware medicijnbal gebruikt, maar een gewone voetbal voldoet ook.

De eerste oefening lijkt op het Schotse paalwerpen en bevordert de algehele lichaamskracht. Je wint aan snelheid door vanuit je benen af te zetten en dan omhoog te springen. De tweede oefening bestaat uit het zijwaarts werpen en dat is goed voor de draaispieren in je zij.

1 Hurk met de bal in beide handen. Buig je knieën, maar niet te diep.

2 Zet je eerst vanuit je benen af en schiet dan omhoog. Laat de bal los zodra je armen boven je hoofd zijn.

3 Gooi de bal zo hoog als je kunt, waarbij je voeten van de grond komen. Herhaal 5 keer; rust uit en herhaal.

1 Sta naast elkaar, elk een andere kant opkijkend. Draai weg van je medespeler om de bal te gooien.

2 Zwaai snel terug om de bal met kracht naar de speler te gooien. Doe dit 5 keer aan elke kant. Rust uit en herhaal.

Veiligheid

Deze speler leunt te ver naar achteren om maximale kracht in zijn inworp te leggen. Hij buigt zijn rug op een riskante manier en verliest bovendien zijn evenwicht.

Hier gooit de speler op een perfecte manier in om extra kracht uit de benen te krijgen. Hij gebruikt zijn hele lichaam voor zoveel mogelijk snelheid.

De juiste techniek is nodig om de nieuwe lichaamskracht in een wedstrijd te kunnen gebruiken. Dit verkleint de kans op blessures.

Voor ingooien gebruik je de kracht van je benen en buikspieren zonder te ver achterover te leunen en je evenwicht te verliezen.

Versterk je beenspieren

Check
- Extra schietkracht
- Hardere tackles
- Explosievere sprint
- Groter draaivermogen aanleren
- Hoger springen

Vrijwel ieder aspect van je prestaties is te verbeteren door meer kracht in je benen te ontwikkelen. Uiteraard zijn voor het sprinten, schieten en springen sterke kuit- en dijspieren nodig, maar ze komen ook goed van pas als je snel moet keren of de bal afschermt. Zelfs een keeper heeft kracht in zijn benen nodig om naar een bal te kunnen duiken of uit het doelgebied te rennen.

Basis   Springoefeningen

Springoefeningen als teentikken en hielklakken kunnen in een kleine ruimte worden gedaan, met niets meer dan een kartonnen doos. Werk aan een vloeiende springbeweging om zoveel mogelijk energie te besparen.

Teentikken verbetert de precisie van beenbewegingen.

Veiligheid

Begin elke beenoefening met het stretchen om de beenspieren op te warmen. Vergeet niet ook een cooling-down te doen als je klaar bent om de spieren te laten ontspannen. Oefen op gras en draag voetbalschoenen of gymschoenen.

Elke keer tienmaal hielklakken.

⊃ TEENTIKKEN
Zet de doos voor je op de grond. Ren op de plaats en tik bij elke stap de bovenkant van de doos licht aan met je tenen. Dit is goed voor je sprinttechniek.

⊃ HIELKLAKKEN
Ga met beide benen aan weerszijden van de doos staan. Spring op zodat je hielen elkaar in de lucht raken, en land in de beginpositie.

Gevorderden   Vervolg met training op een parcours

Stel rond het vierkant verscheidene hindernissen op. Gebruik wat je kunt vinden: plastic bordjes of bloempotten als markeringen en stokken of opgerolde kranten als de 'ladder'.

1 Spring over de kleine markeringen of plastic bordjes met een voetbal tussen je voeten geklemd.

2 Spring zijwaarts over de horden of bloempotten en draai zo dat je afzetvoet elke keer de andere voet is.

2 Vijf horden circa 1 m uit elkaar

1 Kleine markeringen

3 Kratten

4 Ladder

Maak een parcours binnen een vierkant van 10 m. Doe het hele parcours driemaal, zo snel als je kunt.

Versterk je zwakke kant

In het moderne voetbal zijn 'tweebenige' spelers onmisbaar. Je spel zal aanmerkelijk verbeteren als je je zwakkere been oefent; schieten, passen, balcontrole, dribbelen en zelfs tackelen gaan stukken vooruit.

Werk eraan

Je slechtere been ontwikkelen vereist doorzettingsvermogen. Je zult er hard op moeten trainen en ook eens in de wedstrijd moeten schieten met je slechtere been, al weet je dat je zuiverder schiet met je goede been. Hoe meer je werkt aan je slechte been, hoe beter dit zal worden.

Trainer

● Tweebenige spelers zijn niet zo kwetsbaar. Tegenspelers kunnen niet profiteren van een zwakke kant als ze proberen je te passeren of je op je zogenaamde verkeerde been zetten als je vooruitrent.

Check
○ Balvaardigheid
○ Schieten
○ Rennen met de bal
○ Tackelen
○ Draaien

Basis — Ontspan je spieren en word sterker

Het zelfvertrouwen dat je ervaart als je met je sterkere voet schiet, is het resultaat van jaren spelen, vanaf het moment dat je voor het eerst een bal aanraakte.

Het is daarom niet verwonderlijk dat het jaren oefenen kost om absoluut vertrouwen in je zwakkere voet op te bouwen. Deze oefeningen, die kracht stimuleren en ontspanning van je zwakkere kant bevorderen, kunnen dit proces echter aanzienlijk versnellen.

🎧 **LUCHTVOETBAL**
Oefen het schieten met je zwakkere voet zonder een bal. Dit dwingt je je te concentreren op de beweging van je lichaam en bevordert de ontspanning en soepelheid. Ontspan je als je schiet.

🎧 **VOOR- EN ZIJWAARTS HUPPELEN**
Plaats over een lengte van 10 m om de 30 cm markeringen. Huppel over de markeringen langs de lijn, eerst voorwaarts (links), dan zijwaarts (rechts) op je beste been. Wissel van been als je teruggaat.

Lichamelijke activiteit

Het heeft geen zin om links- of rechtsbenig te willen worden, want je kunt geen enkele invloed uitoefenen op de zijde die domineert. Dat ligt bij een baby. Toch kun je de dominantie van een bepaalde zijde compenseren.

Twee hersenhelften

■ Gebied dat bewe-
    ging reguleert

— Rechterhemisfeer

— Linkerhemisfeer

De hersenen bestaan uit twee verbonden helften. Als de linkerkant domineert, resulteert dit in rechtshandigheid, en andersom.

0 Pasgeboren baby's draaien hun hoofd vaker naar een bepaalde kant.	**6–9 mnd** De baby gebruikt voor- al een bepaal de hand bij het oppakken.	**15 mnd** De baby kiest dezelfde hand voor het eten met een lepel.	**2** De peuter gebruikt dezelfde voet om te voetballen.	**3** Het kind leert beide handen te gebruiken bij het eten met mes en vork.	**5+** Het kind kan worden gestimuleerd om een bal met beide voeten te trappen. Hoe eerder je begint te oefenen met je 'verkeerde' been, hoe beter dit zich zal ontwikkelen.

Eenzijdige ontwikkeling   Tweezijdige ontwikkeling

Gevorderden   Keren en schieten

Test je toegenomen kracht en zelfvertrouwen bij deze oefening voor maximaal 4 spelers voor het doel. Markeer een lijn op 10 m van het doel en leg de bal 7 m bij het doel vandaan. Je begint bij de bal en moet dan (1) naar de 10m-lijn lopen; (2) snel draaien met je zwakkere voet en naar de bal terugsprinten; (3) in de touwen schieten met je zwakkere been in een ontspan-nen en vloeiende beweging.

Vergroot wendbaarheid

Wendbaarheid is het vermogen om snel van richting of positie te veranderen, zonder hierbij de controle over het lichaam te verliezen. Je bent wendbaar als je kunt uitwijken, schijnbewegingen maakt en van richting verandert terwijl je op topsnelheid rent. Het keren in een druk doelgebied om op doel te kunnen schieten en hoger te springen dan een tegenstander om een pass te koppen, vereisen grote wendbaarheid.

Duels winnen

Wendbaarheid berust op vier basisvaardigheden: snelheid, kracht, balans en coördinatie. Goede spelers bezitten al deze kwaliteiten, waardoor ze in staat zijn verdedigers te verslaan en korte dekking te ontwijken. Ze kunnen een duel winnen en tegelijkertijd de controle over hun lichaam behouden. Verbeter je wendbaarheid door je te concentreren op je bewegingen en alle onnodige beweging achterwege te laten.

Trainer

- Oefen in het ontwijken van hindernissen om je wendbaarheid te stimuleren. Het helpt bij kap- en schijnbewegingen.
- Herhaal de oefeningen steeds opnieuw om een actie te perfectioneren.
- Bespaar energie door onnodige bewegingen achterwege te laten.

Basis   Wees de baas over je lichaam

Begin na de warming-up (zie blz. 181 bovenaan) elke oefening met een loopoefening (rechts). Hierdoor krijg je meer controle over je ledematen voor de moeilijkere oefeningen. Ook worden de spieren erdoor gerekt. De kruisstap (uiterst rechts) stimuleert de balans.

Check
- Snelheid
- Goede timing
- Samenspel, balans en coördinatie
- Goede lichaamscontrole

⌂LOOPOEFENING
Loop met grote passen voorwaarts op de ballen van je voeten. Zwaai met je armen en til je knieën bij elke stap hoog op. Versnel je pas geleidelijk, maar ga niet rennen.

⌂KRUISSTAP
Kruis je linkervoet over je rechtervoet. Stap met je rechtervoet zijwaarts, kruis je linkervoet achterlangs en stap zijwaarts met je rechtervoet.

Veiligheid

Rekoefeningen bevorderen niet alleen de flexibiliteit en wendbaarheid, ze verkleinen ook het risico van blessures. Warme spieren kunnen heel veel hebben. Doe deze oefeningen voor elke wedstrijd of trainingssessie.

HAMSTRINGS
Zit met je benen bij elkaar, je knieën licht-gebogen. Duw je bovenlichaam voorzichtig vooruit.

LIES
Ga rechtop zitten met je voetzolen tegen elkaar aan. Duw je knieën met je ellebogen naar beneden terwijl je iets voorover leunt.

Houd je enkels vast om je evenwicht te bewaren.

KUITSPIEREN
Leun tegen een muur en strek een been naar achteren. Druk je hiel van je uitgestrekte been naar de grond. Doe dit ook met je andere been.

Houd je rug recht en je hielen op de grond.

Gevorderden

Train op een parcours

Stap steeds in en uit een vak van de ladder en spring dan over de hindernissen. Spring dan van vak naar vak in de ladder en draai in de lucht. Doe tot slot de loopoefening van blz. 180 (je kunt in plaats van horden en ladders ook dozen en stokken gebruiken).

3 LADDERPASSEN
Zet je linkervoet in het eerste vak, daarna je rechtervoet. Stap net zo uit het vak en ga naar het volgende vak.

2 SPRINGEN OVER HINDERNISSEN
Spring over de obstakels en draai steeds 180 graden.

1 LADDERSPRONG
Spring met je voeten bij elkaar van vak naar vak. Draai je lichaam van zij naar zij bij elke sprong.

4 LOOPOEFENING
Doe de loopoefening van blz. 180. Draai bij de markering halverwege om en doe de oefening achterwaarts.

Reageer alerter

En goede voetballer reageert snel. Bliksemsnel reageren kan vaak zelfs het verschil zijn tussen winnen of verliezen. Alle onderdelen van het voetbal vereisen dat je in een oogwenk reageert. Aanvallers zullen daarmee de verdediging op het verkeerde been zetten, en keepers stoppen de bal bijtijds.

De juiste instelling

Een snelle reactie vraagt om mentale en fysieke alertheid. Je kunt je reactievermogen verbeteren door te trainen, maar een goede mentale instelling mag niet ontbreken. Goed anticiperen, concentratie en vastberadenheid zijn allemaal van invloed op je reactietijd.

Trainer

- Oefen de reactiesnelheid van ogen, handen en voeten met en zonder bal.
- Maak een reactietraining tot onderdeel van al je oefeningen.
- Oefen met een medespeler. En oefen in een willekeurige volgorde, zodat geen van beiden weet wat er komt.

Basis   Sneller worden

Deze oefening is ontworpen ter verbetering van de reactiesnelheid en de coördinatie tussen handen, ogen en voeten. Ook bevordert deze training de controle over het lichaam en de bal, en snelheid.

Zoals bij alle oefeningen geldt ook hier dat je eerst een warming-up moet doen en na de oefening een spierontspannende cooling-down.

Check
- Alertheid
- Positieve houding
- Uitstekende coördinatie
- Goede wendbaarheid

1 Een speler houdt twee voetballen op schouderhoogte en laat een van beide vallen, zonder te verraden aan welke kant de bal zal vallen.

2 De andere speler moet zo snel mogelijk reageren en naar voren stappen om de bal bij de eerste keer stuiten te onderscheppen met de voet aan die kant.

Praktijk

4 spelers met een bal staan in een cirkel met een middellijn van ongeveer 5 m. Speler 5 staat in het midden.

Wijs een aanvoerder aan die willekeurig de naam roept van een van de 4 spelers met een bal. Deze speler gooit zijn bal meteen op kophoogte naar de speler in het midden, die de bal zo precies mogelijk naar de gooier kopt.

De oefening moet snel worden uitgevoerd. Los de aanvoerder en de middenspeler voortdurend af.

Reageer zo snel mogelijk, maar blijf nauwkeurig.

Gevorderden Verbeter je totale aandacht

Deze oefening ontwikkelt je totale aandacht, ook wel perifere aandacht genoemd. Deze is in de hele wedstrijd van belang.

Alle spelers moeten zich bewust zijn van wat er om hen heen gebeurt. Dit ondersteunt de passes en ver-

mindert de kans verrast te worden door een counter, de communicatie met medespelers is efficiënter en het bevordert de anticipatie op het spel van de tegenstander. Zo heb je een beter inzicht in het spel. Alle spelers nemen 10 keer plaats in het midden.

1 Twee spelers staan tegenover elkaar, een derde staat in het midden en kijkt voor zich uit. De middenspeler gooit de bal in de lucht.

2 Terwijl de eerste bal nog in de lucht is, gooit een van de anderen een tweede bal naar de middenspeler.

3 De middenspeler vangt deze tweede bal en gooit hem naar de derde speler voordat de eerste bal de grond raakt. Dit wordt herhaald.

Balansoefeningen

Check
○ Blijf op de been
○ Laveer rond uitdagingen
○ Bereid jezelf voor op het schieten van volleys
○ Tackel effectief

Balanceren is in voetbal meer dan op de been blijven. Het schieten van hoge volleys vraagt om een perfect evenwicht op een been om het schot goed te kunnen controleren. Bij vaardig dribbelen moet het lichaamsgewicht voortdurend van de ene naar de andere kant worden verplaatst om de tegenstander te misleiden. Verdedigers hebben eveneens een goede balans nodig.

Basis　Blijf in balans

Deze simpele oefeningen versterken alle spieren die zorgen voor balans. De eerste oefening versterkt de zenuwuiteinden in de enkel. Dat is ideaal als je weliswaar bent hersteld van een enkelblessure maar hem nog niet optimaal wilt belasten.

Bij de tweede oefening moeten de heupspieren hard werken om je in balans te houden.

◠ OP EEN BEEN STAAN
Strek je armen uit en balanceer 20 seconden op een been met je ogen dicht.

◠ GOOIEN EN VANGEN
Speel met een medespeler een spelletje gooien en vangen. Ga op een been staan en gooi een voetbal heen en weer zonder dat een van jullie beiden je evenwicht verliest.

Gevorderden　Loop over smal object

Voor deze oefening heb je een paal, balk of boomstronk op de grond nodig. Laat 2 vrienden hem op zijn plaats houden.

Spreid je armen en loop over de balk. Til je armen niet halverwege verder omhoog, want hierdoor kun je je evenwicht verliezen. Houd je hoofd stil en beweeg langzaam, zodat je hersenen en spieren de gelegenheid hebben om te leren hoe ze moeten reageren op de moeilijkheden die balanceren oproept. Loop zo ver als je kunt. Blijf proberen tot je de hele afstand af kunt leggen.

Probeer over een paal te lopen. Wanneer je vooruitlopen eenmaal onder de knie hebt, kun je proberen in het midden om te draaien of achteruit te lopen.

Doe deze oefening op blote voeten of schoenen met platte zolen, niet op sokken of voetbalschoenen.

Springoefeningen

Check
- Explosief opspringen
- Zweven
- Oplettendheid in de lucht
- Draaien
- Hoge ballen tegenhouden

Goed koppen hangt vooral af van het vermogen om te kunnen springen. Als je niet hoog en snel kunt springen kun je de bal niet in de lucht veroveren of verdedigen.

Springkracht stelt je ook in staat om een hoge bal met je voeten of je borst op te vangen. En voor doelverdedigers is springen natuurlijk cruciaal om voorzetten en hoge ballen tegen te houden.

Basis — De knieën hoog optrekken

Deze oefeningen verbeteren je springvermogen. De marcheeroefening is gericht op het afzetten met een voet. Het doel is om de knieën hoog op te trekken. Begin langzaam en richt je op de hoogte, niet op de afstand.

In de spreidsprong zet je je af op beide voeten. Ga op je tenen staan en spring snel van de grond. Zet zoveel mogelijk kracht bij de springbeweging opwaarts en naar buiten.

MARCHEEROEFENING
Train je armen en benen langs een lijn van 20 m. Breng bij het opkomen van een arm de tegenovergestelde knie zo hoog mogelijk in de lucht.

SPREIDSPRONGEN
Spring omhoog en spreid je benen. Raak de grond, spring weer op en sluit je benen in de lucht. Herhaal dit 30 keer. Je kunt dit combineren met armbewegingen.

Gevorderden — Spring en draai

Deze sprongen helpen het draaien van je lichaam tijdens het springen, belangrijk bij het koppen en het gevecht om de bal in de lucht. Deze oefening combineert de basisdraaisprongen in een reeks die je concentratic test en de draaispieren traint. Houd je benen uit elkaar tijdens de sprong. Op die manier is de rotatie maximaal. Probeer de oefening sneller uit te voeren als je zekerder van je zaak voelt.

1 Spring op en draai in de lucht 90 graden naar links.

2 Spring omhoog en draai terug naar beginpositie.

3 Spring op en draai 90 graden naar rechts.

4 Spring omhoog en draai terug naar beginpositie.

5 Spring op en draai 180 graden naar links.

6 Spring omhoog en draai 180 graden naar rechts, terug naar de uitgangspositie.

Draaioefeningen

Eén goede draaibeweging kan een wedstrijd beslissen. Plotselinge verandering van richting zet verdedigers op het verkeerde been en creëert ruimte om te versnellen. Vaak ontstaat zo een weg door de verdediging naar het doel. Aanvallers moeten snel kunnen draaien om een late sprint in te zetten en tegenstanders in een-op-een-situaties te verslaan.

Check
○ Van richting veranderen
○ Tegenstanders verslaan
○ Mandekkers kwijtraken
○ De ruimte in spurten
○ Sprinters bijhouden
○ Terugtackelen

Basis   Zigzaggen

Verbeter je wendbaarheid door op snelheid tussen een serie markeringen door te zigzaggen. Zet bij elke bocht beide voeten schrap achter de markering om je extra af te zetten.

Veiligheid ➕

Draai met de juiste techniek, anders kun je uitglijden en je bezeren. Steek niet een been uit. Houd je lichaam laag en neem korte stappen. Gebruik beide voeten.

Als je een scherpe bocht maakt, moet je je bovenlichaam naar de te volgen weg richten. Zet stevig af met beide benen.

Het inzetje hieronder toont de positie van de markeringen en de looproute.

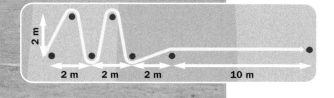

2 m

2 m   2 m   2 m   10 m

Praktijk

Op snelheid keren kan helpen een mandekker van je af te schudden of een bal door de verdediging te stoppen. Deze oefening bestaat uit 10 m rennen, omkeren en 3 m terugsprinten, omdraaien en opnieuw sprinten. Zo verbeter je je bochten.

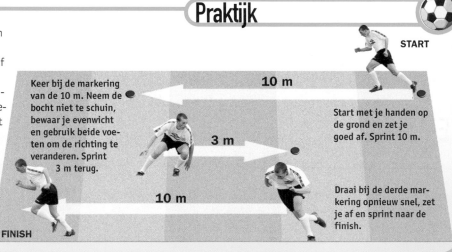

START

Keer bij de markering van de 10 m. Neem de bocht niet te schuin, bewaar je evenwicht en gebruik beide voeten om de richting te veranderen. Sprint 3 m terug.

10 m

3 m

Start met je handen op de grond en zet je goed af. Sprint 10 m.

10 m

FINISH

Draai bij de derde markering opnieuw snel, zet je af en sprint naar de finish.

Ontwikkel explosieve sprint

E xplosieve sprints komen in een voetbalwedstrijd voortdurend voor. Zo kom je als eerste bij de bal, schud je mandekker van je af en laat je overal op het veld tegenstanders achter je. Enorme acceleratie geeft je in bijna elk opzicht voordeel in de wedstrijd en moet dan ook deel uitmaken van je standaardtraining.

Check
- **Natuurlijke gang**
- **Lichaamskracht, vooral in de benen**
- **Goede balans**

Basis   Opstaan en gaan

O pstaoefeningen zijn ontworpen om spelers explosie-ver uit stilstaande positie te laten vertrekken. Probeer beide variaties en merk het verschil op in je eerstvolgende wedstrijd.

Doe altijd een warming-up en rekoefeningen voor je begint aan een training. Voor twee spelers heb je vier markeringen nodig – schoenen, zakken of stokken voldoen prima. Leg twee markeringen 1 m uit elkaar en de andere markeringen 10 m verderop. Wissel degene die met de oefening begint, steeds af.

 ZITTENDE START

Ga naast de markeringen zitten, met je rug naar de andere markeringen. Een van beiden roept 'Rennen!', waarna beiden opstaan, omdraaien en de 10 m naar de andere markeringen afleggen. Leg vooral kracht in eerste stappen. Herhaal 5 x.

 OPDRUKSTART

Dit is een moeilijkere oefening. Start in opdrukpositie met je gezicht naar de markeringen op 10 m. Knal op het teken naar voren en sprint naar de markeringen. Probeer ook naar de andere kant gericht te starten, zodat je moet opstaan, omdraaien en sprinten. Doe elke oefening 5 x.

Lichamelijke activiteit

E lke spier bevat duizenden vezels die elk ongeveer zo groot zijn als een menselijke haar. Wanneer je een spier spant, trekken de vezels samen en voelt de spier hard aan.

Er zijn twee soorten vezels: vezels die langzaam samentrek-ken en vezels die snel samentrekken. Laatstgenoemde zijn groter en raken sneller vermoeid dan de kortere vezels. Ze zijn belangrijk bij de explosieve sprint. Sprinttraining zorgt ervoor dat snel samentrekkende vezels groter worden, zodat je meer explosieve kracht ontwikkelt.

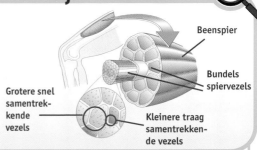

Beenspier

Bundels spiervezels

Grotere snel samentrek-kende vezels

Kleinere traag samentrekken-de vezels

Check snelheid en kracht

Wat is de waarde van een extra meter lopen voor elke speler in het team? Waarom is het de moeite waard om 10 cm hoger te springen als de bal in de lucht is? In de loop van het voetbalseizoen zul je ontdekken waar het verschil in zit: in het aantal doelpunten en het totaalaantal punten.

Stel jezelf fitnessdoelen

Toegenomen snelheid en kracht zijn fitnessdoelen die te meten zijn. Over een bepaalde periode van training zul je niet alleen zien dat je sneller en sterker wordt, maar ook precies in welke mate. Onthoud dat het niet voldoende is om alleen wedstrijden te spelen en te hopen dat je snelheid en kracht zullen toenemen. Voor maximaal effect op het voetbalveld dien je jezelf realistische fitnessdoelen te stellen en eraan te werken om deze doelen te halen.

Trainer
- Doe een warming-up en doe de tests aan het begin van een training.
- Explosieve kracht begint maximaal en neemt af als je de test 20 keer achter elkaar doet.

Check
- Explosieve sprint
- Sprongkracht
- Snelheid in rechte lijn

Test 1: 30 m sprint

Het testen van je snelheid en kracht stelt je in staat om te beoordelen hoeveel je in een bepaalde tijd bent verbeterd. De snelheidstest is een sprint over 30 m, die wordt getimed op 5 m, 10 m en 30 m, zodat explosiviteit, acceleratie en snelheid kunnen worden gemeten. Laat je elke week testen met een stopwatch.

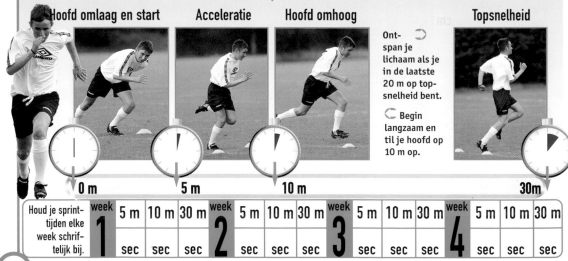

Hoofd omlaag en start   **Acceleratie**   **Hoofd omhoog**   **Topsnelheid**

Ontspan je lichaam als je in de laatste 20 m op topsnelheid bent.

Begin langzaam en til je hoofd op 10 m op.

0 m   5 m   10 m   30m

Houd je sprinttijden elke week schriftelijk bij.	week 1	5 m	10 m	30 m	week 2	5 m	10 m	30 m	week 3	5 m	10 m	30 m	week 4	5 m	10 m	30 m
		sec	sec	sec		sec	sec	sec		sec	sec	sec		sec	sec	sec

Test 2: sprong uit stand

Meet hoever je kunt springen als een indicatie van je explosieve kracht. Buig je benen in stilstaande positie om een sprong te kunnen maken en probeer op je voetzolen te landen.

Noteer elke week de beste sprong uit vijf pogingen.

**Start op een lijn
Gooi armen op**

**Til je voeten op
Trek armen neer**

**Meet de afstand met
een meetlint**

0 m   1 m   2 m

Noteer elke week hoe ver je hebt ge-sprongen	week 1	Afstand	week 2	Afstand	week 3	Afstand	week 4	Afstand
		cm		cm		cm		cm

Test 3: verti-cale sprong

Hoog springen komt het koppen ten goede. Deze testen meten hoe hoog je uit stand kunt springen. Buig je knieën voor het opspringen en strek een arm zo ver mogelijk omhoog uit.

Meet hoe hoog je ten opzichte van de lat van een doel of een muur kunt reiken. Spring dan zo hoog als je kunt en markeer het hoogste punt dat je kunt aanraken. Trek het eerste getal van het tweede af en zie het resultaat.

Noteer elke week hoe hoog je hebt gesprongen	week 1	Hoogte	week 2	Hoogte
		cm		cm
	week 3	Hoogte	week 4	Hoogte
		cm		cm

Achtergrond: win het van je vrienden

Snelheid en kracht is voor een deel geërfd, maar het is altijd mogelijk om je erfelijke aanleg te verbeteren. Door je vrienden uit te dagen tot wedstrijdjes in hardlopen en springen blijf je gemotiveerd om je prestaties te verbeteren.

Laat een vriend je sprints timen en je sprongen meten. Op deze manier kun je je eigen verbeteringen in snelheid en ook je prestaties in vergelijking met je vrienden nagaan.

Stel je toch eens voor dat je door te trainen op snelheid en kracht de snelste en meest atletische speler onder je vrienden zou worden. Wat zou dat veel zelfvertrouwen geven!

REGISTER